NEGOTIATING THE IMPOSSIBLE

How To Break Deadlocks And Resolve Ugly Conflicts (Without Money Or Muscle)

谈判的方法

[美] 迪帕克·马哈拉 Deepak Malhotra 著

赵红梅 译

九州出版社
JIUZHOUPRESS

图书在版编目（CIP）数据

谈判的方法 /（美）迪帕克·马哈拉著； 赵红梅译
. —北京：九州出版社，2023.10
ISBN 978-7-5225-2130-5

Ⅰ. ①谈… Ⅱ. ①迪…②赵… Ⅲ. ① 谈判学 Ⅳ.
①C912.35

中国国家版本馆CIP数据核字（2023）第172161号

著作权合同登记号　图字：01-2023-5671

Copyright ©2018 by Deepak Malhotra

Copyright licensed by Berrett-Koehler Publishers

arranged with Andrew Nurnberg Associates International Limited.

谈判的方法

作　　者	［美］迪帕克·马哈拉　著　赵红梅　译
责任编辑	周红斌
出版发行	九州出版社
地　　址	北京市西城区阜外大街甲35号（100037）
发行电话	（010）68992190/3/5/6
网　　址	www.jiuzhoupress.com
印　　刷	三河市中晟雅豪印务有限公司
开　　本	880毫米×1230毫米　32开
印　　张	8.75
字　　数	187千字
版　　次	2023年12月第1版
印　　次	2023年12月第1次印刷
书　　号	ISBN 978-7-5225-2130-5
定　　价	68.00元

★ 版权所有　侵权必究 ★

前　言

在你的一生中，如果从未身陷无法破解的僵局或激烈冲突，那么你可真是个寥若晨星的幸运儿。然而，像大多数人一样，一旦你面临貌似根本不可能成功的谈判，必将苦苦思索一系列棘手的问题：如何才能有效化解双方僵持不下的谈判局面？如果无钱无权，自己能否取得谈判的胜利？如果你在谈判时的善意尝试功亏一篑，该如何是好？面对咄咄逼人、道德败坏或者毫无谈判诚意的对手，自己又该如何应对？面对旷日持久或者不断升级的矛盾冲突，如何有效解决？

多年来，我与数以万计的企业老板、公司高管和经理打过交道，曾为成百上千的高风险商业谈判、僵持不下的协议磋商、外交僵局和旷日持久的冲突谈判提供过咨询建议，而且也曾为许许多多在工作和日常生活中的人们，在处理富有挑战或应对无可奈何的局面时提供过建议。凡此种种，他们都曾不约而同地提出同一个问题：当自己面临谈判困境之时，如何才能做到绝处逢生？虽然回答过这一问题且有独到见解的书籍比比皆是，但是真让我向大家推荐的时候，却有点儿犯难，因为我尚未找到一本与我的理念相契合的书，即便是谈判陷入死局，我也有办法使之峰回路转。

实事求是地讲，尽管我们这些专门研究谈判的人大量著书立说，提出了许多极为有用的观点，可能还是忽略了一些长期存在且至关重要的问题。这本书就是要尝试为这些问题提供解决方案，这也是我撰写此书的原因所在。

本书的经验分享以真实案例的方式呈现，案例中的人物都是在无钱无势的状况下，设法赢得了一个个看似不可能成功的谈判。在本书中，每一章我都讲述了一个不同的故事，它们来自历史、商业、外交、体育或流行文化等不同领域，每一个故事都道明了一系列的真知灼见和处世原则。此外，我还力求提供更多的例子，进一步阐明如何将这些真知灼见应用于不同领域，让你无论是在与雇主、配偶、战略合作伙伴、孩子、潜在客户，还是在与恐怖组织的谈判中，都能得心应手。我相信你，我亲爱的读者，一定能从中找到更多适合自己的且富有个性化的应用方案。

无论是简单的谈判还是复杂的谈判，无论是波澜不惊的谈判还是貌似根本不可能进行的谈判，我希望本书的经验之谈，能助你在所有的谈判中化解冲突、打破僵局，并取得化腐朽为神奇之效果。

引 言
最古老的和平谈判启示

《卡迭石和约》（Treaty of Kadesh），堪称史上最古老的和平条约。在距今3000多年前，古埃及和赫梯帝国的关系如履薄冰，同时还不得不对其他邻邦保持高度警惕，双方都不愿意继续为战争承担成本，于是埃及法老拉美西斯二世（Pharaoh Ramesses II）与赫梯国王哈吐什尔三世（King Hattusili III）尝试通过谈判终止双方的纷争，最终缔结了该和平条约。这种尝试往往困难重重，不仅因为双方所涉及的问题颇具争议且错综复杂，而且双方都不愿意迈出和谈的第一步。因为主张议和的一方常常被视为怯懦，而不是明察善断或宽宏大量，所以导致领导者大都不会铤而走险，率先发出这样的信号。然而，双方最终还是达成了协议。尽管该和平条约起草于数千年前，但已具备了现代和平条约的雏形，如包括宣布终止战争、遣返难民、交换战俘等条款，以及任何一方在遭到他国袭击时的互助条约等。[1]

---

[1] 史上记载的最古老的仲裁记录，是由国王麦西里姆（King Mesilim）谈判达成的协议所保持的，该协议旨在结束拉格什（Lagash）城邦和乌玛（Umma）城邦之间的冲突，当时这两个城邦位于美索不达米亚（Mesopotamia）[现在的伊拉克（Iraq）]苏美尔（Sumer）地区。该协议的签署可以追溯至4000多年前，即公元前2500年。

该和约的另一个显著特征是，协议条款与我们当今的协议有异曲同工之处，如和平条约、商业协议，以及诸多成功解决国际争端和夫妻矛盾的协议等，而且《卡迭石和约》分别是用象形文字（hieroglyphics）（埃及语译文）和阿卡迪亚语（Akkadian）（赫梯语译文）两种语言记录的。通过译文的对比，果不其然，这两个版本的内容几乎一致，只有一点截然不同：埃及语译本中声称是赫梯人主动求和，而赫梯语译本则恰恰相反。[1]

在涉及协议达成、外交，以及化解争端等诸多问题时，常常无须过多考虑文化差异或谈判方式，也无须回答人们为什么要发动战争，或者为什么愿意解决争端。因为有些事情亘古未变：各方对宣称胜利的无比渴求。

《卡迭石和约》的签订，还揭示了关于谈判与调停取得成功的至关重要的内在逻辑，这也是著者撰写本书的灵感与动力：

如果我们愿意摒弃固有的思维：金钱和权势是唯一的调停筹码，即使是无法突破的僵局和冲突，也有其解决之道。

当你在应对看似毫无希望的情形时，当你的慷慨解囊被断然拒绝时，当你的善意尝试被无情挫败时，当你没有足够的权力来强制解决问题时，请铭记以上这点，它对你尤为重要。通常情况下，你需要的是改弦更张，另辟蹊径，而非固执己见。本书将介绍这样一

---

[1] 参见克里斯汀·贝尔：《论和平法：和平协定与和平法》，牛津大学出版社2008年版，第81页。

种思路，并追根溯源。

三措并举，化险为夷

  有些谈判轻而易举，有些则困难重重，还有些似乎根本不可逾越。当你在谈判中处于势单力薄且走投无路之时，常常会面临冲突不断升级，僵局日渐恶化，任何一方都不愿意做出让步的情形。此种境地，双方的行为方式看似都不合情理，甚至更糟，火药味十足。这些问题都是史无前例的，即便身经百战，也无济于事。

  但是，如果能独具匠心地处理这些问题和情形，那将成为史上的传奇案例。

  本书讲述的正是这些不同寻常的谈判案例：看似毫无希望破解的僵局和激烈争端，有人借助无须耗费金钱或凭借权势之法另辟蹊径，出奇制胜。我们可以从这些故事以及演绎这些故事的人身上学到什么呢？

  任何处理过僵局或冲突的人都会证明，最棘手的谈判是你的善意尝试一败涂地，而同时你又没有足够的资源或权力进行有效的讨价还价。人们对谈判失去希望，是因为他们认为自己已经竭尽全力地去解决争端了，无功而返的根源只是由于他们无钱无势罢了。但是，如果你还有撬动谈判的其他杠杆可用，又会是怎样一种状况呢？

  在本书中，我们将重点聚焦三个关键杠杆，它们常常被一些谈判者所忽视、低估或处理不当，尤其是那些在谈判中习惯用金钱和权势来衡量实力的人。这三个关键杠杆分别是：

· 框架力

· 流程力

· 同理心

我在为成千上万的企业高管和公司老板进行教学和咨询服务时，听到过许多关于交易方的传奇故事，他们攻坚克难、险象环生。我在为那些设法与恐怖分子和武装叛乱分子交涉的政府官员和政策制定者工作时，时常感受到束手无措的谈判难免让人心灰意懒，甚至我在观察日常生活中常见冲突时，也能发现人们苦苦挣扎着应对敌对人群、困难局面和棘手问题。在所有这些情形中，因为人们往往把解决问题的希望寄托在金钱和权势之上，而不懂得运用框架力、流程力和同理心，故时常使自己面临的问题形势升级恶化，导致棘手的问题最终无法得到有效解决。

我们可以与应对激烈的商业、政策、外交或日常生活冲突的人们分享哪些真知灼见？他们可以从世界历史上最令人痛心的核边缘政策案例中吸取哪些教训？他们如何效仿一个名不见经传的年轻人，在上一个千禧年中成功地主导了一系列重要会议？他们可以从现存最古老的和平条约文本中学到哪些东西？在对化险为夷的价值数十亿美元的体育冲突案与以灾难告终的冲突案的比较中，他们从中可以总结出哪些规律？无须玩弄权势或借助大把金钱，就能圆满解决五花八门的高风险商业纠纷和化解商业僵局，他们可以从这些案例中借鉴哪些攻略？

　　本书的写作初衷非常简单：希望人们从赢得"不可能"的谈判案例中学到一些实实在在的东西。首先，这些故事本身十分有趣，有的源自历史、外交和商业，有的来自体育和流行文化；无论发生在当今还是远古，读者都能从故事人物的生活、战斗和谈判中获得启迪。其次，这些故事中的经验鲜活生动、触手可及，无论它看起来是不可能的，还是比较稀松平常的，任何正在应对冲突或僵局的人，都可信手拈来。我在书中列举了大量翔实的例子，阐释了如何将这些经验应用于不同领域，如求职应聘、生意洽谈、人际关系、与孩子沟通、与恐怖分子斡旋等。最后，如果让我们对本书抽丝剥茧，去掉框架，舍弃结构，由表及里，我们会发现本书的核心内容其实是关于人类自身如何千方百计地与他人和谐相处，尤其是当人在窘境之时。我希望本书能传导一种乐观情怀，提供一个看世界的新视角，帮助读者学会欣赏我们常说的人性，就是那些时而令人费解、时而令人失望、时而令人恼怒，但又常常鼓舞人心的人性。

反思"谈判"

　　在阐述更多内容之前，我先给本书所论及的"谈判"下一个定义。就个人经验判断，人们通常会从狭义层面去理解谈判是什么、意味着什么，以及何时会涉及谈判，而我则尽可能从广义角度诠释其内涵。当人们听到"谈判"二字时，往往将其等同于讨价还价或唇枪舌剑，或者想象一群西装革履的人正在敲定一笔买卖。大部分人认为谈判只是偶尔为之，如果在可能的情况下，应尽量避免这令人望而却步、心情不畅的任务。如果我们能换个角度去审视思考，其实会受益良多。

在给价值数十亿美元的交易谈判提供过咨询后，我可以自信地告诉你，谈判与金钱无关；在给濒临崩溃的国家元首提供过和平谈判建议后，我可以非常明确地告诉你，谈判并非生死攸关；在给求职应聘、家庭纠纷、战略同盟和停火谈判提供过意见后，我可以明白无误地告诉你，谈判并不直接关联职业发展、情绪管理、互惠合作或能停止射击。

简而言之，谈判并非单向活动。从根本上来讲，无论谈判处于何种情境、关乎何种问题，其本质是人际互动。在谈判中，无论问题是简单明了还是错综复杂，无论各方是真心诚意还是居心叵测，无论挑战是轻车熟路还是前所未有，我们需竭力回答的问题其实是：我们该如何从容得体地与他人打交道，以期能增进彼此的理解，最终达成协议？这些协议内容是否一定以合同或条约方式白纸黑字写在纸上，或者协议的执行能否进一步增进彼此的信任友善、带来新的激励措施、改善相互的协作，或者仅仅是带来握手言和的希望，都无关紧要。相互理解是个人之间的、组织之间的、民族之间的，还是国家之间的，这些也无关痛痒。正如前面所言，从本质上来说，谈判始终关乎人际互动。这些互动有时容易，有时则困难重重。然而，在本书中，让我们兴趣盎然的，正是那些看似根本不可能谈下去、谈成功的谈判。

因此，我认为，谈判是指持不同利益或观点的两方或多方就协议内容达成共识的过程。在谈判步履维艰的境况下，帮助我们赢得成功所需的原则、战略和战术是本书描述的重点。

僵局与激烈冲突

本书囊括了不同领域中林林总总的10余个生动案例。在择选案例时，我侧重于人们日常生活中常见的问题：僵局与激烈冲突。僵局是指各方要求相持不下、互不退让的情形。我们之所以对僵局进行研究，因为它的严重程度往往事关协议的成败或关系调解的达成，但我们也会研究破解僵局所带来的经验教训，以及极端情形下各方之间的关系。冲突是指各方利益对立或意见不合的情形。激烈冲突是指人们在达成协议时所遭遇到的无法跨越障碍的情形，如猜疑、仇恨、盘根错节的现实状况和历史遗留问题等。在本书中，我们将剖析每一个案例，总结梳理解决各种冲突的经验教训。

本书框架

本书的案例故事和经验分享分为三个部分，每一部分重点探讨三个杠杆中的一个：框架力、流程力或同理心。这三个杠杆中的哪一个会是你解决问题的关键，抑或是需要多管齐下，将视具体情况而定。单车之使皆有成效，多措并举、几管齐下、合力而行，则将让谈判无往而不胜。

- 第一部分重点阐释框架的惊人潜力。谈判高手熟知，谈判者表述提议的方式、提议的框架与提议的内容同等重要，不分伯仲。
- 第二部分重点阐释流程对结果的决定性作用。高超的谈判对手，总是机智巧妙地把握和设定谈判流程，而非纠结于具体条款内容，并对此进行讨价还价。
- 第三部分重点阐释同理心的强大力量。沉着冷静、深入细致地分析了解谈判各方的相关利益关切和不同视角，能有效化解最激烈的冲突。

当然，在人际互动中，并不是所有的问题都能轻而易举地快速解决。许多激烈冲突的解决，不仅需要付出巨大努力，而且需要坚持不懈或者一点儿机缘巧合。然而，很多时候我们最需要的却是另辟蹊径：提高和掌握驾驭谈判框架的能力、设定谈判流程的能力和独具慧眼的洞察能力。

总之，我希望你能喜欢这些案例，也希望我的经验之谈于你有所助益，更希望本书能激励你积极应对人际互动中的种种问题，不断磨砺提升自己，以期获得更深入的理解，达成更多更好的协议，最终成为人生赢家。

目录

1 — 框架力

01 框架力
美国国家橄榄球联盟（NFL）内部的谈判 -2
拿下不可能的谈判 -3
把控框架 -6
引导对方让步的重要性 -8
重视谈判风格和框架，而非仅仅是实质内容 -10

02 运用框架力
版税率之僵局 -12
无须借助金钱或权势 -14
注重协议的直观效应 -16
帮助对方赢得幕后支持者 -17
让对方毫无顾虑地求助 -18
避免单个议题谈判 -19
多个议题同时谈判 -21
分散注意力 -22
拆分议题 -23
揭开潜在利益的面纱 -24
内容上坚守，结构上灵活 -25
摆脱僵局是一个值得努力的短期目标 -25

03 适当性逻辑
癌症阴影下的谈判 -27
无须借助金钱或权势 -29
适当性逻辑 -30

利用社会认同 -31

独特性：承诺与风险并存 -33

设置默认选项 -34

你来起草协议草案或者开启谈判流程 -35

转移参照点 -37

不要为你的提议道歉 -39

04 战略性模糊

美印民用核协议 -42

无须借助金钱或权势 -43

战略性模糊 -44

如果动机不良，战略性模糊则会危险重重 -46

战略模糊在双方早期关系中的作用 -47

05 框架之局限性

绘制通往伊拉克战争之路 -50

一个警示故事 -51

战略性模糊并非实质性冲突的灵丹妙药 -53

当前和未来冲突之间的权衡 -54

警惕诱惑，不达成协议绝不握手 -55

模棱两可的协议可能具有寄生性 -55

06 先声夺人的优势

未撕毁和平协议 -59

无须借助金钱或权势 -60

先声夺人的优势 -61

尽早重构框架 -62

未雨绸缪 -64

框架的高杠杆时刻 -67

第一部分内容小结：框架力 -69

2 | 流程力

07 流程力
美国《宪法》谈判 -72
拿下不可能的谈判 -74
掌控谈判流程策略 -77
重视谈判实施流程 -79
未雨绸缪 -81

08 运用流程力
违信背约，价值千万 -83
无须借助金钱或权势 -84
在谈判实质内容之前，先敲定流程 -86
在谈判流程上与对方同向同行 -88
寻求公开明了与承诺保证 -88
规范流程 -90
支持对方为你规范流程 -92
即使对方拒绝公开透明或信守承诺，也能提供有效信息 -93
将对方食言的可能性降至最低 -94
对方食言，我们该如何应对 -95
在流程上达成完全一致，有时既不可能也不可行 -97

09 维护前行动力
NHL 内部的罢赛和停摆 -99
无须借助金钱或权势 -100
维护前行动力 -101
共识的负面效应 -104
充分共识原则 -105
降低谈判进程要求，抬高达成协议门槛 -106
命运与共 -107

公开透明的代价 -108

10 留在谈判桌上

从维也纳到巴黎之和平谈判 -111

无须借助金钱或权势 -112

创建流程，解决残余冲突 -114

留在谈判桌上 -115

不为刀俎，则为鱼肉 -117

没有谈判席位的谈判 -118

和平时期对谈判流程投入不足 -119

11 流程之局限

竭力终止越南战争 -123

对流程的执念 -125

流程受阻常见原因 -130

何时搁置流程 -131

在程序问题上表明立场的实例 -132

如何坚守流程 -134

12 改变约定规则

《老友记》谈判 -136

无须借助金钱或权势 -138

趁着成本低廉，构建未来合作条款 -140

高额投资预示着对流程的承诺 -141

给你的让步贴上标签 -143

如果一个破坏性的谈判格局已是积重难返，那就给你未来的让步贴上标签 -145

维护好你的信誉，有时，它将是筹码的唯一来源 -146

第二部分内容小结：流程力 -149

3 | 同理心

13 同理心
古巴导弹危机谈判 -154
拿下不可能的谈判 -157
同理心为你创造更多选择 -160
最需要同理心之人，乃是最不值得同情之人 -162
创建缓冲 -163
战略灵活性与可信度 -165
避免作茧自缚 -166
不要强迫对方在理智决定与保全面子之间做选择 -166
当心知识的诅咒 -167
不要只是准备你的论点，还要考虑听众 -169

14 运用同理心
从 2.8 工作节点说起 -171
无须借助金钱或权势 -174
探索对方行为的"所有"潜在原因 -179
识别障碍：心理上、结构上和战术上的 -180
全力以赴 -181
无视最后通牒 -183
给最后通牒换个说法 -185
世事难料，今天不能谈判的，明天就可能会有转机 -185

15 将计就计
在沙特阿拉伯推广现代技术 -189
无须借助金钱或权势 -190
将计就计 -191
弥合互相冲突的观点 -192
遵循对方的观点可能增加你的筹码 -194

给予对方有条件的控制权 -195

16 规划谈判空间

路易斯安那购地案谈判 -198

无须借助金钱或权势 -201

三方思考 -204

规划谈判空间 -206

ICAP 分析：各方利益、制约因素、备选方案和不同视角 -207

谈判桌之外的行动 -209

好运只会垂青有准备之人 -211

提升目标定位，创造选择价值 -213

不要急于拥抱制胜战略 -216

17 合作伙伴，而非对手

夹缝求生 -219

无须借助金钱或权势 -221

合作伙伴，而非对手 -224

寻找创造价值的方法 -225

首先，想象一下不可能的事 -227

18 比较地图

来自地图制图学与语言学的启示 -231

冲突的社会建构 -232

请求被尊重 -233

我们常常被往事所误导 -235

不要苛求人们忘记过去 -237

让我们开始谈判吧 -238

第三部分内容小结：同理心 -241

19　前行之路

宣布北爱尔兰和平 -245

创造力与警惕性 -248

没有完美的策略，只有适用的原则 -249

人际互动 -251

致　谢

关于作者

1 — 框架力

> 虽然我不是舞台魔术师，无法让你对貌似真实的东西产生幻觉，但是我可以剥离完美的幻觉伪装，为你呈现真相。是的，因为我的口袋里藏有玄机，袖子里装有东西。
>
> ——汤姆·温菲尔德 [TOM WINGFIELD] 出自田纳西·威廉姆斯 [TENNESSEE WILLIAMS] 的《玻璃动物园》[THE GLASS MENAGERIE]

01
框架力

美国国家橄榄球联盟（NFL）内部的谈判

随着美国国家橄榄球联盟（National Football League, NFL）球员和资方之间矛盾纠纷的不断升级，负责调停此案的美国地方法官阿瑟·博伊兰（Arthur Boylan）十分恼怒地说："你们都应围绕如何有效解决问题出主意、想办法，加强相互沟通，而不是各执一词。"[1] 事件发生在2011年5月，球队投资方封锁了球场大门，将球员拒之门外。当时双方对簿公堂，都试图借助法律手段扩大自身权益。如果最终不能达成协议，必然会危及即将到来的新赛季。这绝不是危言耸听：2005年，美国国家冰球联盟（National Hockey League，NHL）的资方和球员之间正是因为旷日持久的纷争，使得整个赛季损失惨重，比预期收入减少了20多亿美元。美国国家橄榄球联盟的损失可能会更大，毕竟100多亿美元的谈判目前还悬而未决。

---

[1] 彼得·金：《联盟办公室的无名英雄》，载《体育画报》2011年8月1日。

在职业体育运动中，当如此巨大的一笔经费处于风口浪尖时，毫无疑问的是，双方在谈判桌上偶尔出现的白热化场面，甚至堪比球迷在球场上看到的激烈赛事。2011年，NFL资方和球员工会之间谈判争论的焦点是，双方新的集体谈判协议（Collective Bargaining Agreement, CBA）条款，这是一份拟签订的长期合同，该条款规定了球员方和资方之间的收入分配比例、工资上限、最低工资、自由球员规则、年度运动员选拔条款和工作环境等，事关NFL所有球员的个人合同谈判及其相关利益。与体育界大多数集体谈判协议条款所涉及的劳资纠纷一样，在2011年，NFL资方和球员方之间争议最大的就是双方的收入分配占比问题。即在比赛收入中，有多少比例应该归球员方所有，又有多少比例应该归资方所有。案件诉讼中，资方要求，在双方收入分割之前，首先要从总收入中划拨出20亿美元用于联盟投资，然后将剩余部分的58%分配给球员方。球员方则反对资方事先从总收入中拨出如此大的一笔投资资金，要求直接将"全部收入"进行五五分成。[1]

谈判时，如果双方对各自提出的分配占比要求互不相让，势必超出百分之百的总比例，那么你将如何解决这一纷争呢？

拿下不可能的谈判

冲突不断升级，友好协商演变成了对簿公堂、相互施压，甚至

---

[1] 尽管过于简单化了，但如果我们假设NFL的收入为100亿美元，那么资方的提议将占所有球员收入的46.4%：0.58×（100亿－20亿）＝46.4亿。

诉请美国国会介入，直至柳暗花明。最终的解决方案是由资方提出的，提议双方各自向前迈一步，采用一种全新的收入分配框架，以结束这个只围绕"全部收入占比"问题的谈判。新的提议将"全部收入"拆分为三个独立的"资金桶"，每个桶分别代表NFL不同的收入来源。然后双方协商确定不同资金桶的收入分配比例。这个提议让纷争迎刃而解，并于2011年8月4日签署了最终协议。新协议规定的球员方收入在各个桶的占比是：

- 联盟媒体收入的55%（例如，电视转播权的收入）
- NFL风险投资/季后赛收入的45%（NFL相关业务收入）
- 地方收入的40%（例如，场馆收入）

然而，这个解决方案实际上并没有直接回答一个问题：根据该协议，球员方获得的收入占总收入的百分比是多少？而统计数据表明，在合同的第一年，"三桶"解决方案给球员方支付的比例为全部收入的47%～48%。如果结果真是这样的话，那么为什么要辛辛苦苦创建三个资金桶，给每个桶赋予不同的分配比例呢？为什么要自找麻烦地创建一个新的记账系统，而不是直接同意球员方获得全部收入的47.5%呢？

为什么说三个桶的方案比一个大桶更高明呢？从经济学的角度来看，是可以给出一个理性解释的。考虑到在合同执行一年后可能会发生的事情，如果球员方预计"联盟媒体"收入会增长更快，这就意味着将来自己在全部收入中的占比会更大，而资方则预计"地方"收入会增长更快，这样对双方来说，"三桶"策略无疑是一种价值最大化的方案：双方在各自看重的领域都有占比更高的预期。这种经济学上的理性解释的唯一问题是，它与为什么双方一致同意"三桶"方案似乎基本无关。因为当你继续阅读集体谈判协议时，你会发现其中一个条款，会使你觉得这种经济学意义上的理性解释会不攻自破。该条款内容是这样表述的：

在2012—2014年的任何一个联赛年度，如果球员成本总额……高于预期"全部收入"的48%，那么球员成本总额则降低至预期"全部收入"的48%……在任何一个联赛年度，如果球员成本总额低于预期"全部收入"的47%，那么球员成本总额则提升至预期"全部收入"的47%。

换句话说，该条款在某种意义上实际默认了双方将大约全部收入的47.5%分配给球员方。如果该比例在47.5%上下出现较大幅度的波动，条款规定也会让它重新回归到这个相对狭窄的区间内。[1]

那么，老问题又来了：原本双方的目标是，在合同期内每年达成一个全部收入的特定分配比例，如果所签订的新协议与他们的实际目标无实质性区别，那双方为什么还要辛辛苦苦创建"三桶"分配方案呢？要回答这个问题，首先，我们得明白，实际上很少有人仔细研究这类合同，而且几乎没有媒体会全面报道或分析协议的细

---

[1] 2015—2020年的上限为48.5%。

节。其次，在未来几年里，双方的收入分配可能会有微调，但实际上微不足道。"三桶"策略之所以优于"一桶"策略，最关键的是它允许双方回到各自的支持者面前，宣称自己是谈判中的获胜者。也就是说，它为谈判者创造了足够的空间，代表资方的可以向投资方宣称，投资越多，在地方收入分配的比例就越高（场馆相关收入）；而"球员协会"的谈判代表也可以宣称，只要球迷收看电视频道的比赛，他们就能获得收入的50%以上。

把控框架

NFL的案例表明，即使谈判举步维艰、僵持不下，无须借助金钱与权势也可以做到峰回路转、打破僵局。[1]谈判桌上，尽管双方唇枪舌剑的焦点是"钱"，但联盟资方并没有直接抛出更多的金钱，从而诱惑球员方同意协议条款。相反，他们的做法恰恰是对谈判中"框架力"的最好诠释：客观上双方完全相同的提议，因表达方式的不同而导致结果大相径庭。

谈判的"框架"堪称一个心理镜头。它是一个"意义建构器"，影响着人们如何看待彼此、如何应对手头的问题，以及对待当下的选择。谈判中，框架的数量和类型并没有约定俗成的限制。例如，对同一项协议，不同的谈判者看待的视角会有所不同，有的从财务或战略的角度琢磨，有的从短期或长期的角度思考，还有的

---

[1] 这并不是说，在媒体面前和法庭上，双方并没有努力战胜对方。

则从友善或敌对的角度分析。同样，外交官可能会从政治或安全的视角来进行考量，或将其作为一个核心或外围的问题来审视，或将其置于历史或现实的背景下进行思考。交易方时常会将彼此的提议与自己参与交易的初衷进行比较，或与对方可能从此提议中获益多少进行分析，或与他人可能如何评判进行揣摩。

谈判的框架本质上没有"正确"与"错误"之分，但究竟选取何种框架，有时则对各方意义非凡，往往直接影响各自采取什么样的行为模式，以及最终的接受意愿。例如，有时原本都不太在意的无关紧要的问题，因为被赋予了过多的政治因素或其他象征含义，结果反而致使各方都不愿意或者无法做出让步。近年来，美国国会的民主党与共和党就常常面临这样的问题：双方的一些议员认为，如果在一些简单问题上轻易妥协让步，就等于彻头彻尾的自我背叛，结果导致双方在讨论一些即使事关重大，且实质内容已得到大家认可的议题时，还是会就其中一些鸡毛蒜皮的事各持己见，迟迟难以达成最终共识。

实事求是地讲，谈判者总是有能力提出新的谈判框架。而接下来我们也将看到和明白，有时重新构建谈判框架是一个强而有力地扫除谈判障碍的工具。在现实生活中，无论人们面临何种客观风险，决定他们处理问题的态度在很大程度上取决于他们（或者他们的支持者）的主观认知。通常情况下，交易方不愿意向他们的竞争对手做出让步，但一旦他们认为这是协作解决问题的必要之举时，就愿意乐而为之了。将冲突的解决理解为"赢家通吃"的谈判者，往往比理解为"各方共赢"的谈判者面临更难的抉择。如果谈判者着眼于当下而非长远，或者视某项提议内容比最初预想得更好而不是更糟，那么他们就多多少少更愿意接受这种提议。我们在本章探讨框架力之时，将着重讨论提议内容和选项在客观上完全相同时，要如何调整框架才能吸引谈判各方重新回到谈判桌上来；同时提出，我们不仅要关注正在谈判的实质内容，还要关注谈判各方评估选项的视角，这往往是破解貌似无法调解的僵局的法宝。

> 掌控谈判框架。选取的框架将会左右谈判者做出决策、评估选项，以及确定可接受的条款。

引导对方让步的重要性

谈判者在谈判初期所面临的问题，与谈判推进过程中所暴露出的问题往往截然不同。其中一个关键的区别就在于，是什么理由使对方顽固地坚持让你无法接受的要求。如果这种情况发生在谈判初期，通常表明你没有设定合理的预期和底线。这就可能导致对方得寸进尺，提出令你无法满足的要求，也就是说，要求让步的一方才会真正地使谈判陷于停滞状态。这就是为什么在谈判伊始，聪明的谈判者会让对方明白自己的底线，以及大致可灵活处理的空间。许多谈判者未能如此操作，主要原因是认识存在误区，担心轻易让对方掌握自己的底线，或过早讨论谈判的边界或限制条款，是否会让对方怀疑自己作为合作伙伴的价值。或许正是因为彼此都缺乏足够的信任，使得大家都难以相信对方是否能真正地约束自己，或怀疑可操控的空间是否真的如此之小。

如果在谈判伊始双方就陷入了不可调和的僵局，通常意味着他们起初的愿望是不切实际的，而且摆在谈判桌上的价值远远不能满足对方的要求。如果双方都想在一笔交易中捞到50%以上的份额，那大家所面临的问题就严重了，你越早意识到这一点，对你就越有利，因为这绝对不是一个拙劣的数学计算能力问题，这无疑与NFL的情况如出一辙。诸如此类的问题在外交谈判和商业纠纷中也屡见不鲜。

然而实践表明，在谈判推进过程中的某个节点上，也许是经过几周的来往接触、数月的信任较量，或多年的僵持不下，一方或双方可能会逐渐意识到，他们的初期要求是不切实际的，需要适时做出重大让步，才能避免灾难性结局。但当那天真的来临时，你还是会发现人们仍然不愿意降低自己的要求。现在，你需要解决的不再是他们的认识误区或彼此信任的问题，而是如何让对方承认他们最初的要求是不切实际的，并说服他们做出让步，接受切实可行的方案。但当对方已经在他人（如他们的支持者或媒体）面前信誓旦旦地承诺绝不妥协，最终却不得不公然做出让步时，问题就变得更麻烦了。以我的经验来讲，让人们意识到自己提出的过分要求是不可能被满足是相对容易的，而要让他们承认这一点并改变其固有的做法，却是困难重重。这也正是NFL的谈判代表所面临的问题，好在问题最终得以妥善解决。

> 说服对方必须做出让步或者打退堂鼓，是远远不够的，
> 你最好设法让他们心甘情愿地做出退让。

重视谈判风格和框架，而非仅仅是实质内容

当NFL的谈判陷入僵局时，任何一方都可以通过降低自己的收入占比要求，从而让对方对达成协议的内容产生更浓厚的兴趣，但这无疑将是一个代价沉重的让步。正如双方最终达成的解决方案所呈现的那样，为推进谈判的进程和问题的解决，并非总是依靠砸钱来获取让步。有时，在谈判风格和框架上做出明智的让步，反而更能有效地解决问题，避免因在实质内容上让步而付出沉重的代价。在本案例中，"三桶"解决方案帮助谈判双方在协议内容上达成了共识，而基于同样目标价值的"一桶"解决方案却不那么诱人。这充分证明了一点，重视谈判风格和框架更有助于谈判者摆脱束缚，避免僵局，最终拨云见日而达到目的。

> 在谈判风格和框架上做出明智的让步，
> 要比在实质内容上的昂贵让步实惠得多。

下一章，我们将更加深入地研究如何借助"框架力"，采取各种方式方法来打破谈判僵局，而无须耗费金钱或依靠权势，并进而总结出解决诸如此类矛盾冲突的原则。我们还特别分析了在

NFL谈判中发挥作用的两个关键要素，它们致使僵局极其难以打破。首先是"民意问题"。对方不仅关心他们从你那里得到什么，还在意其他人如何评判他们接受你提议的行为。其次是"零和博弈问题"。在"零和博弈"中，博弈者有输有赢，一方所赢正是另一方所输。[1]如果人们在谈判中陷入这种"零和博弈"思维，在不涉及其他相关利益的情况下，他们会觉得如果自己吃亏，对方就会占便宜，因此就很难选择让步。接下来就让我们看看这些问题是如何巧妙解决的吧。

---

1 例如，如果我们的争议是关于100美元的分配问题，在没有其他问题或利益冲突的情况下，我每获得1美元，你将损失1美元（反之亦然）。

02
运用框架力

版税率之僵局

当时,我们正在谈判一项大型商业协议。[1]我所提供咨询的公司是一家初创企业,该公司开发了一种具有划时代意义的产品,产业价值数十亿美元。坐在谈判桌对面的一方希望获得我方产品的特许权,并帮助我方把产品打入市场。为此,我们双方必须就一系列问题进行磋商谈判:特许经营费、版税率、排他性条款、节点、开发承诺等。最终,双方在版税率问题上变得一筹莫展了,也就是说,每销售一件产品,对方究竟需要将销售价格的多大比例支付我方。

讨论初期,我们非正式地一致同意5%的版税率,并认为是公平合理的。但随着谈判的推进,双方对这个百分比的适用,在理解上产生了细微的分歧。我方认为,在产品投放市场的初期,5%的

---

1 为了保护案例相关人员和公司的信息,这个例子的一些细节已经被修改或没有在故事中透露,但是故事的本质和相关的启示教训仍然是原汁原味的。

低版税率是可以接受的，但随着产品在市场上站稳脚跟并逐渐获得大众青睐，应该适时地将版税率上浮到一个合理的更高水平。我方理解，我们的产品技术尚处于开发阶段，早期的销售势头可能会较弱，考虑到对方在产品制造方面投入了巨额资金，因此我方做出让步是恰当的。

然而，对方的观点跟我们却截然不同。对方认为，因为他们是投资方，所以初期的版税率应该接近于零，5%的版税率应该在2~3年之后才开始生效，而且在此之后，版税率应该下降而非上涨。我们疑惑地问道："为什么版税率不升反降呢？"他们回答说："因为在我们行业一直有个规矩，经过一段时间，版税率都是下降而不是上升。"思考片刻，对方又给了一个看似恰当的理由："随着时间的推移，如果能帮你们卖出更多产品，你们就自然乐意接受更低的版税率了。"

我们最初的愿望是能够避免正面交锋所争论的问题，因为整笔交易金额巨大，大家都可能会赚得盆满钵满，对方没有理由成为交易的破坏者。但随着日子一天天过去，谈判却裹足不前，我们意识到对方陷入了一个执念："版税率是应该下行的。"对方是担心这样的谈判结果会为他们以后的其他交易开创先河，还是他们已给董事会做出过承诺，现在覆水难收呢？抑或是他们仅仅想确保获得更好的财务状况呢？尽管我们竭尽全力，但还是无法接受将版税率逐年下降的数字写进协议。而且，如果在前一两年里，我们尽力满足他们对较低版税率的要求，就意味着在未来，我们有必要更大幅度地提高版税率。该怎么办才好呢？

无须借助金钱或权势

当谈判双方立场对峙之时，有时需要一方让步，有时需要双方都妥协，采取折中的方法（例如，随着时间的推移，我们本可以就一个固定的版税率达成一致）。有时，物理学定律并不一定适用于谈判，因为事物可能同时有起有落。

当我们察觉到谈判过程中的瑕疵时，突破口就一目了然了。当我们在谈判中苦苦纠结于版税率的一个维度（时间推移）时，而我们的分歧意见清楚地表明有两个维度同时存在：时间推移和销售量。或许我们可以利用这一点，来创建一个上下浮动的版税方案。如果对方要求协议显示版税率随着时间的推移而下降，只要产品销售量足够大，能确保我们的经济利益，我们就可以接受这一点。基于此，我们给对方发送了一份版税表，表中不是简单列出随时间变化而变动的税率。相反，我们创建了一个二维图表，表中列出的税率是时间和销售量的函数。大致情况如表1所示。[1]

表 1

销售量	第一年	第二年	第三年	第四年	第五年	...	第十年
200 000	9.5%	9.0%	8.5%	8.0%	7.5%	...	7.0%
180 000	8	8	7	7	7		0
160 000	7	7	6	6	5		5
140 000	6	6	5	5	4		4
120 000	5	5	4	4	3		3
100 000	4	4	3	3	3		2
80 000	3	3	2	2	1		1
60 000	2	2	1	1	1		1
40 000	1	1	1	1	1		1
20 000	1	1	1	1	1		1
0	0	0	0	0	0		0

---

[1] 为了保护各方隐私，表格中的信息已经被修改。

每一年，我们不是采用单一固定税率，而是根据销售量设定一个区间幅度（最小值和最大值）。显然，每年的最高版税率会递减（顶行），我们希望这能如愿以偿地满足对方对降低版税率的要求。但与此同时，如果我们每年的产品销售量提高，那么每年的实际版税率就会递增。我们对版税率实际走向的预期值如表2所示，突出显示的单元格证实了我们的内部预测。

表 2

销售量	第一年	第二年	第三年	第四年	第五年	...	第十年
200 000	9.5%	9.0%	8.5%	8.0%	7.5%	...	7.0%
180 000	8	8	7	7	6		0
160 000	7	7	6	6	5		5
140 000	6	6	5	5	4		4
120 000	5	5	4	4	3		3
100 000	4	4	3	3	2		2
80 000	3	3	2	2	1		1
60 000	2	2	1	1	1		1
40 000	1	1	1	1	1		1
20 000	1	1	1	1	1		1
0	0	0	0	0	0	0	0

这个提议奏效了。虽然对方与我们就表格中的一些数字进行了一番争论，但新的提议重新架起了双方对话沟通的桥梁，从而避免陷入僵局。双方不再因版税率轨迹或升或降而争执不休。在接下来的几周里，问题迎刃而解。最终协议包含了一个简版的版税表（更少的列和行），表中列出了时间和数量两个维度。与基于单一维度而达成的版税率相比，虽然此协议可能并无实质性的区别，但这种表达风格却使我们的谈判伙伴对协议的直观感觉更加舒心，也让我方对阶梯型的经济收益结果感到愉快。

注重协议的直观效应

正如此案例所示，谈判不仅仅是注重双方所提议的内容，提议的方式也是至关重要的。谈判者往往错误地认为，只要坚持协议的实质内容正确无误，自己的提议于对方而言就有足够的价值，那么就不必在意"它形式上看起来如何"，这就是所谓的协议直观效应。但是，本案例与NFL案例如出一辙，问题所在不是摆在谈判桌面上的实际价值，而恰恰是双方围绕价值所架构提议的方式。

直观效应的作用，在有支持者参与时会更加凸显。支持者可以是投票人、媒体、竞争对手、未来的谈判伙伴、老板、同事，甚至是亲朋好友。我们通常对自己的支持者群体了如指掌，却往往忽视了对方的支持者群体。实际上，双方的支持者群体同等重要，尤其是当我们要求对方做出让步或者重大妥协时，如果单纯将对方的支持者群体视为"他们的问题"，就违背了应对最棘手谈判的核心原则：根本不存在所谓的"他们的问题"，那些所谓的"他们的问题"，如果不予以妥善解决，最终会演变成为"自己的问题"。也就是说，也许你认为主动给出的方案已经优于对方的提议了，理应被接受，但如果你没有充分注意到干扰对方决策的关键因素，你会发现，即使自己慷慨解囊，也会被对方断然拒绝。

> 关注协议的"直观效应"。对你的谈判伙伴及其支持者群体而言，
> 不仅提议的实质内容至关重要，
> 协议的"直观效应"也举足轻重。

帮助对方赢得幕后支持者

威廉·尤里（William Ury）在1991年出版的《无法说不》（Getting Past No）一书中，使用了一句颇具说服力的话，来强调帮助对方赢得幕后支持者的重要性：学会为对方"书写胜利的华章"。我一贯要求我的学生和客户不但要仔细思考能为对方带去多少价值，还要考虑对方以及对方的支持者将如何看待你的提议，而且也要思考他们如何在赞同你的提议的同时，并能对外宣称自己取得了谈判的胜利。如果你无法找到一条途径，让对方将协议解读为"获胜"，那么你也可能会陷入麻烦。

然而，这并不意味着你一定要通过改变谈判风格或谈判框架来达成协议，因为这也可能导致两败俱伤。在本章的后半部分，我们将着手探讨这样做的可能性，以及可能出现的问题，但我们更需要了解各方是如何从有效的谈判框架中受益的。在NFL的谈判案例中，重构的"三桶"方案有助于创建一种说辞，当双方回到自己的阵营后，各方都可以声称这是他们谈下的最漂亮的一桩买卖。重构协议的意义在于，如果谈判者不是片面关注自己的形象，而是充分考虑到支持者的关切，将有助于避免因自身原因而使谈判陷入困局。在关于版税率的谈判中，就实质内容而言，虽然我们可以提供一个对方可接受的方案，但仍需要从对方的角度来架构提议，避免因外在因素的影响而使得谈判前功尽弃。

同样的原则也适用于一些并不复杂的场合。例如，在你争取赢得某个工作机会时，如果人力资源经理认为你是中意的人选，故而想为你提供甜头或破例，那么他或她将需要在公司内部提出正当理由。我总是不断地提醒我的MBA学生，要帮助对方想出所需的论据和说辞，以便解释清楚为何在此种情况之下，他们做出的让步是恰当且必要的。

> 想一想对方将如何赢得其幕后支持者，
> 再想一想对方如何以支持者的利益为准绳来架构提议框架。

让对方毫无顾虑地求助

谈判中，对手需要的是在意你的实质性让步，还是在意支持者对你方提议的看法，许多情况并不十分明朗，因而让你左右猜疑，而对方往往也不愿轻易表明自己的意图。顾虑在于，如果一方已就实质性让步做好充分准备，对方却无意间透露出不在意，那么对方的损失无疑是高昂的；如果一方轻易宣称另一方的提议意义重大，必然会削弱自己进一步讨价还价的能力；到最后，如果一方公然表示，需要对方的帮助以便向支持者交差，这无疑是示弱的表现，反而可能破坏协议谈判进程。这些情有可原的顾虑，势必导致谈判各方苦苦纠结于协议内容的直观效应，避免看似漏洞百出。

如果谈判双方彼此有足够的信任，对方就有可能坦诚相见，直截了当告知是什么妨碍了协议的达成。即使彼此缺乏信任，出于相互间的职业尊重，也可能向对方发出信号，暗示协议的达成是否被卡在直观效应上了。传递这种信号常常伴随一定程度的否认，所以常常显得模棱两可，如果求证，更有可能被矢口否认，但意思已传达，大家心知肚明就好。

需要谨记的是，如果让对方认为你总是不放过任何能利用对方弱点的机会，那么你就很难获取这些信号。简而言之，你让对方越有安全感地了解实情，他们就越愿意这样做。[1]带给对方安全感的最佳方法是：用实际行动表明，你不会利用对方，对他们甘冒风险，且在重要问题上所表现出的坦率和磊落表示欣赏与感激。根据我的经验，对那些已历经数月或多年的反复谈判或多项协议，往往不需再去建立这样的信誉，因为哪怕只经历过一次谈判交锋，在其过程之中的无数细微之处，都能让诚信可靠的信誉建立起来。例如，当对方分享了敏感信息或做出了让步，你能投桃报李，并履行承诺，或者适时表现出处理问题的灵活性，而不是斤斤计较，这样，彼此信任的建立就水到渠成了。

> 在直观效应上，要让对方毫无顾虑地寻求帮助，要鼓励对方坦诚相见，但绝不乘人之危，以建立良好声誉。

避免单个议题谈判

版税率谈判揭示了谈判中的一个共性问题：单一议题的困境。

---

[1] 每一次当你的孩子做错事时，如果他鼓起勇气告诉了你事情的真相，你却惩罚他，这必然导致孩子改变策略，那么你千万不要由此而感到惊讶不已。

当谈判围绕多个议题展开时，谈判进程往往更容易推进，这或许有悖常理。如果只有一个问题摆在谈判桌上时，就很难看到双方如何如愿以偿，或者如何兑现他们向支持者做出的承诺。此时，出现了"零和博弈"问题，至少有一方会觉得或看起来是自己遭受了损失。对此，就需要考虑将其他问题摆到谈判桌面上来，以便各方都能各得其所。如果我的一个孩子想要兄弟姐妹们正在玩的玩具时，我通常会建议他或她再拿一个玩具来，从而可以做一次物物交易。如果大家只为了一个玩具而争执不休，结局只会不欢而散。

或者，你也可以尝试变通一下，将原本两个独立的单一议题合二为一，创建一次更轻松容易的谈判，而不是两次困难重重的谈判。孩子们跟我讨论周五和周六能看哪些电视节目的时候，如果把这两天的节目合在一起讨论，而不是单独讨论每一天的节目，他们就更容易与我达成共识。两次喋喋不休的争执被一次讨论所替代，且每个人都能得偿所愿，何乐而不为呢？有时，即使引入一个无足轻重的议题也足以打破僵局。你帮助对方创设的"赢局"，较对方在分歧议题中给予你所得的，其实质性价值未必相当。如前所述，就单一分歧议题而言，一方可能已经愿意接受对方的立场，但他们还是翘首以待，直到能创设一种说辞，即"双方都做出了让步"。

> 在谈判中，避免一题一议，增加议题或合并单一议题都是不错的选择。

多个议题同时谈判

当在谈判涉及多个议题的时候，如果我能在目前讨论的议题上做出让步，那是因为寄希望于对方能在后面的议题上做出让步，否则，我是根本不会铤而走险的。要打消这之中的顾虑，多个议题同时推进往往是明智之举。也就是说，与其采取一题一议的方式竭力达成协议，不如养成"一揽子"讨价还价的习惯。例如，"这是我们在议题A上可以做的，这是我们在议题B上的需求，这是我们在议题C上能接受的"。此举可以达到两个目的：第一，如前所述，消除了自己当前做出让步却担心后续得不到回报的风险顾虑，你可以视对方的行动而做出相应的让步；第二，多个议题合并讨论，谈判者更容易全面权衡各个议题而进行明智取舍，可以选择捍卫自己更加在意的东西，而作为交换，让步一些对方更看重的东西。比较而言，当一题一议时，摆在谈判桌面上的任何利益，大家势必全力以赴、志在必得，也就很难看清各方真正看重的是什么。

例如，如果我正在进行一项复杂的商业协议谈判，当有人提出单独就一个议题（如价格）进行谈判时，我通常会转移话题，设法引入其他议题。达到此目的的方法多种多样。我可以简单地提出，我方对于价格的立场取决于对其他条款的满意度，因此在敲定最终价格之前，我们还需要讨论这些条款。我可以给出"一揽子"报价方案，其中包括价格以外的条款，并明确我方的报价是以满足如下附加条款为前提的。我可以提供多个报价方案，每个方案都包含不同的报价和不同的附加条款，在让对方更好地理解不同方案之间的关系时，也了解我方谈判表现出的灵活度。这些方法都有助于避免我们陷入单一议题的困境。

> 在谈判时，多个议题同时推进，有助于各方明察善断、理智取舍，从而降低"单边让步"的风险。

分散注意力

正如前面所讲，当多个议题摆上谈判桌面时，往往更容易达成一个"双赢"的谈判协议。然而不幸的是，有时即使存在多个议题，某一个议题一旦成为争论的焦点，大家都会据此来判断谁是输家、谁是赢家。这也恰恰是美国国家橄榄球联盟谈判中的问题所在：即使一方在其他问题上赢得了对方巨大的让步，大多数观察者仍然会将收入分配问题作为衡量谈判成功与否的唯一标志。各政党就立法议题进行谈判时，我们也注意到了类似的问题。问题产生的原因不尽相同。有时，由于媒体、受众群体所了解的信息或专业知识有限，除了某一突出问题之外，常常无法对全局做出判断。有时，令人遗憾的是，谈判者自身在其措辞上，有时也有意夸大个别问题的重要性。政客们这样做，是为了煽动支持者的热情；交易方如此做，则无疑是为了有效表明其立场。当然，在某些情况下，即使没有外在因素干扰，同样的问题也会出现，谈判一方或双方都试图夸大其词，过分强调某个问题的重要性，无非是想先发制人，给对方一个下马威。

> 不要让任何单个议题过于凸显。
> 要引导你的支持者正确衡量谈判的成功，
> 限制对任何单个议题的注意力。

拆分议题

客观而言，在谈判的许多情形中，某个议题的确是最重要的，无论你如何竭尽所能，都无法关联（或无法纳入）其他相关议题。即使在这些情况下，有一种方法可以避免"零和博弈"的结局：将一个议题切分成两个或者多个议题。这正是NFL谈判代表所做的，将全部收入切分成三个独立的收入"桶"。在版税率商业协议谈判中，也是如法炮制：将"每年的版税率"分解为"每年的版税率幅度"和"基于产品销售量的版税率"。再回到孩子们和玩具的例子：如果有且仅有一个玩具，你也可以"将议题一分为二"，通过引导他们讨论谁现在得到玩具，谁稍后得到玩具。（注意：虽然有例外，但把一个玩具切分成两部分可能是差强人意的。）

> 如果有且仅有一个议题，
> 尽力将其切分成两个或者多个独立的议题。

揭开潜在利益的面纱

一个有争议的谈判议题，有时包含着各方原本可以调和的多重隐藏利益。为此，你需要通过揭开潜在的面纱来打破僵局。比如，设想一下，一名员工就加薪问题与老板讨价还价，由于老板认为这个员工不应得到如此大幅度的加薪，因此心不甘情不愿。如果是这样，选择之一是双方"各退一步"，确定一个双方都可接受的金额，否则，他们就可能会分道扬镳。但是，如果老板认为员工的要求是公平合理的，拒绝其最初的要求的原因只是今年的预算吃紧，这该怎么办？若真是如此，与其各退一步"折中妥协"，不如将问题分解为"今年的薪水"和"明年的薪水"。这样，老板今年既不用调整预算，而员工来年也可以开始拿到更高的薪水，皆大欢喜。

换言之，在谈判中，各方都有满足自己潜在利益的诉求，如获得加薪，保持预算，但要心想事成，各方得停止争论"他们想要什么"，转而讨论"他们为什么想要它"的内在动机。这被称为从立场（人们想要什么）到利益（他们为什么想要它）的转变。即使各方在某个问题上持有不同的立场，但他们之间的利益可能是契合的。你越是能尽早地从立场争论转向探讨潜在利益，就越能快速确定双方的诉求是不是可以调和的。

> 对立的立场或许隐藏了可调和的潜在利益。
> 洞悉对方的真实意图，比执着于争论互不相让的诉求或不得不采取折中的方法，更加卓有成效。

内容上坚守，结构上灵活

谈判高手必须信心十足，方能见机行事、灵活变通。当你已经精心评估了各方摆在谈判桌上的价值，以及什么样的要求是公平合理的之后，你就应当尽可能坚定地维护你方的利益。但是，切忌将对实质内容的坚守演变为对自身利益的顽固不化的执着。正如美国国家橄榄球联盟和版税率谈判案例所呈现的那样，你对协议内容的框架组合要求越低，就越有可能达成一个皆大欢喜的协议。这种灵活性为对方提供了更多选项，也使对方更有可能以恰当的方式满足你的需求。以我的经验来说，在谈判过程中，你的一言一行应给对方传递这样一个重要信息：我清楚我的目的所在，如何达到目的，我会灵活变通。换言之：你给予我越多，我给予你的回报就越大。

> 在实质内容上必须坚定不移；
> 在风格和结构上尽可能灵活变通。

摆脱僵局是一个值得努力的短期目标

你可能已经注意到，关于版税率谈判，我方提出的"二维"而非"一维"谈判方案并没有使问题马上得到解决。相反，对方驳回了我方的提议方案，而且一针见血地指出了提议结构中存在的问题和错误，并且对于我方要求版税率过高的问题却只字未提。但是，这个提议的绝妙之处在于，我方不再纠结某一具体分歧问题而裹足不前，而是摆脱困境，推动双方着手就最终可调和的实质性议题展开谈判。记住这一点尤为重要：构思既能顾及对方支持者的敏感需求，又能助推分歧问题真正解决的方案，虽然未必能解决所有的冲突或搞定谈判协议，但一定有助于减少双方陷入僵局的时间，并推动双方达成都乐意接受的最终协议。

> 一个构思精妙的谈判方案未必能彻底化解争端。
> 有时，只要不让谈判陷入僵局，
> 就是为最终达成协议而铺平道路的关键。

在上述我们所论及的案例中，正是由于各方谈判目标截然不同，致使诉求不可调和，才导致了僵局。然而，即使谈判室里每个人的目标利益都一致，也可能会陷入僵局。原因或许是大家对实现目标利益的最佳方式各持己见，或许是彼此间缺乏足够的信任，或许是大家未能充分展示各自方案的优点，又或许是每个人对实现目标利益的路径抉择有着强烈的、不同的、先入为主的想法。在下一章，我们将了解如此这般的诸多因素，它们是如何在人际互动中发挥作用的，这与到目前为止我们所讨论的完全不同。同时，也让我们一起来看看，在谈判中，当信念或期望在面对全新的、异域的或不同的观点时，应如何运用框架策略帮助克服心理障碍。

03
适当性逻辑

癌症阴影下的谈判

或许你有最佳、最具创意的提议,但要如何向那些因循守旧的人进行推介呢?或许你全心全意地为对方着想,迎来的却是强烈的抵制,你将如何进行有效的沟通?或许你的提议是正确的,但当对方从内心深处强烈反感你的提议时,你又将如何说服他们?

就以那些被诊断为早期前列腺癌的患者为例吧。[1]在美国,大多数的前列腺癌患者是通过一种前列腺特异性抗原测试(PSA)检测法所筛查出来的。[2]而大量证据却表明,许多经由PSA所诊断的前列腺癌症病例属于过度诊断。也就是说,如果不是因为接受了PSA检测,他们中的一些患者根本就不知道自己患有前列腺癌,会

---

[1] 本章大量借用了迪帕克·马哈拉(本书作者)和贝法尔·埃得撰写的案例《癌症阴影下的谈判》,还直接引用了其中的一些语言。
[2] PSA筛查需要进行血液检验,测量负责液化精液的PSA是否在正常水平,这样可以确定前列腺是否有问题。PSA的不规则性,可能是由于感染、癌症或创伤导致前列腺结构紊乱,从而导致更多PSA释放到血液中。

继续过着正常的生活，活到正常寿数。[1]位于美国纽约的纪念斯隆-凯特琳癌症中心（Memorial Sloan Kettering Cancer Center，MSKCC）是世界著名的癌症研究和治疗机构之一，常常推荐早期前列腺癌的男性患者接受"主动监测"，而不提倡手术和放射治疗等治疗方法，因为这些治疗可能导致小便失禁和勃起功能障碍等副作用。该建议和美国国家综合癌症网络（The National Comprehensive Cancer Network）指南、美国泌尿外科协会（The American Urology Association）指南是完全一致的。

在主动监测（AS）过程中，通过对患者进行PSA检测、定期活体组织检查和体检等，如果有迹象表明患者病情发展到了高危阶段，就会建议患者接受治疗（手术或放射治疗）。主动监测计划通常包括每6个月一次的实验室化验和体检，以及每两年一次的活体组织检查，以此来监控疾病的发展变化。

身为公共卫生学硕士、医学博士的贝法尔·埃德（Behfar Ehdaie）博士在MSKCC担任主治医生。他发现，在他所推荐的实施主动监测的患者中，仅有约60%的患者愿意听从医嘱，接受主动监测，而其他患者大都选择了手术或放射治疗，不愿意接受主动监测；同时，在MSKCC的其他医生所推荐的实施主动监测的患者中，遵从医嘱接受主动监测的比例也大体相当。此外，即使患者最终同意接受主动监测法，但在此之前，医生也需要与患者进行漫长而艰

---

[1] 罗马·古拉提、卢尔德斯·伊努埃、约翰·戈尔、杰弗瑞·凯契尔和鲁斯·埃齐奥尼：《筛查检测到的前列腺癌中过度诊断的个体化估计》，载《美国国家癌症研究所杂志》（总第106期）2014年第2期。

难的沟通。尽管医生坦言，手术治疗可以让医生赚更多的钱，手术和放射治疗对患者的生活质量也会有很大的影响，可为什么还是有如此多的患者不愿意接受医生的建议呢？如何才能让患者明白医生的良苦用心，并让患者有更好的治疗结果呢？

无须借助金钱或权势

埃德医生和他的合作者安德鲁·维克斯（Andrew Vickers）医生开始尝试各种不同方式，与患者就主动监测法进行沟通讨论，以期改善其沟通效果。同时埃德医生联系到我，希望能与我携手一道研究如何与患者沟通讨论主动监测法的模式，从而改进与患者的沟通方式，并推而广之，借此帮助其他医生提升与患者的沟通能力。也就是说，他的目的不是让其他医生如何更好地推荐主动监测法，或其他哪种治疗方法，毕竟，这终究是医生自己的选择，而是帮助医生们更有效地提出最适合患者的治疗方法。

我们面临的核心问题是，当医生提出希望患者考虑选择某种治疗方案，却与患者最初所预料的截然不同时，要如何消除患者的抵触情绪呢？如何做到以患者的利益为大，帮助患者权衡利弊呢？基于埃德医生已经开始实施的想法，结合现有的心理学研究成果，以及我个人在帮助一些组织机构向客户和股东们阐明价值主张方面所积累的经验，我们齐心协力地优化了沟通技巧。结果令人大吃一惊。过去3个多月我们所收集的数据表明，自从改变了诊室的沟通谈话方式之后，埃德医生的早期前列腺癌患者选取接受主动监测的比例从大约60%增加到了95%。为了促成这一改变，埃德医生付出了多大代价呢？分文未花。首先，新方法无须在政策、行政管理机构，或医生、医院和保险公司之间的相互关系等方面做出重大改变。其次，在采取新方法之后，平均每位低危患者的咨询时间由先前的60多分钟降至35分钟左右，沟通对话的效果又好又快。

在此，我分享一下埃德医生在与患者沟通交流时所坚持的几个原则，以确保沟通谈话不偏离正轨。这些原则一旦融会贯通在一起，就好比一本应对抵触情绪的"秘籍"，不但适用于这种场合，而且可以触类旁通，应用到各种谈判之中。我要着重谈谈如何重新架构选项设置，以消除患者对改变的抵触心理。

适当性逻辑

人们如何做出决策？人们如何决定自己该说"是"还是"不"，是选择"A"还是"B"，是该作为还是不作为？我们都非常熟悉人们做出选择的主要依据：成本效益分析。其基本思想是：人们权衡所有选项的成本和效益，选取一个总体上成本效益最佳的选项，或者根据风险偏好进行一定的调整。但是，人们真的总是或者大多数时候都这样做决策吗？社会科学家詹姆斯·马奇（James March）和约翰·奥尔森（Johan Olsen）提出了另一种决策模型：适当性逻辑。[1]他们提出，人们在做决策时，实际上常常会

---

1 詹姆斯·马奇和约翰·奥尔森：《适当性逻辑》，载于罗伯特·古丁、马丁·雷恩、迈克尔·莫兰主编：《牛津公共政策手册》，牛津大学出版社，2006年版。

问自己一个简单的问题："一个像我这样的人在此情形下会做出什么样的选择？"[1]而不是进行复杂且耗时的成本效益分析。当人们一旦提出这个问题时，跃入脑海的任何一个答案都会对他们的选择产生举足轻重的影响。

如果我们慎重看待适当性逻辑，这意味着应该特别关注的是：我们的提议或者首选方案是否被人们认为是"适当的"，以及我们如何增强提议的适当性。心理学（以及最近的行为经济学）中的大量研究是关于说服力的，以及如何设置选项以增强其说服力。在我与埃德医生共事的过程中，我们引入了心理学中的三种观点，以助力提升主动监测法的适当性。同时，我又增加了一点，这一点跟医生与患者的沟通没有直接关系，但在诸多谈判背景下都极为重要。根据我的经验，这些原则是最强有力且应用广泛的方法，不但能增强一个观点或提议的适当性，还能增强其吸引力。[2]

适当性逻辑告诉我们，人们做出的许多选择都是基于一个简单问题的回答：像我这样的人在这种情形下会做出何种选择？

利用社会认同

社会心理学家罗伯特·恰尔蒂尼（Robert Cialdini）提出的"社

---

[1] 马奇和奥尔森提到了另外两个（初步）问题，也是人们会暗自思考的问题：我是一个什么样的人？这是一种什么情况？相应地，一个人将根据他或她当时突出的角色或个人身份（如父母、雇员或公民），以及根据情况本身的框架（例如，这是一个道德决定，还是一个经济决定？）做出不同的选择。
[2] 许多学者对这些课题进行了长达数十年的研究。如需相关参考资料，以及了解更多关于这些及其他相关主题的信息，请参阅迪帕克·马哈拉、马克斯·巴泽曼：《谈判中的心理影响：久违的介绍》，载《管理杂志》（总第34期）2008年第3期，第509—531页。

1 框架力　31

会认同"原则指出，当人们无法确定该走哪条路或者该选择什么的时候，他们往往会参照他人的行为来行事，无论是实际的还是隐含的。[1]根据适当性逻辑，如果我们认为大多数人都这么做，那么就会认定这种行为是适当的。这是因为，当人们放眼整个世界，会认为"世间万物，皆有定律"。据此，当他们看到其他人选择了某种行动方案时，就会自言自语地说："这一定是有道理的。"并将其视为正确、正常或是可接受的行为信号。毫无疑问，增强选项适当性的最直接的方法就是证明其他人也选择了它。埃德医生描述说，在改进沟通方法之前，他所采取的方法实际上是与社会认同原则背道而驰的，他竭力强调MSKCC的独特性，结果却恰恰适得其反，反而使患者拒绝接受主动监测。他充分利用"社会认同"的强大影响力，调整了表述方式：

以前，我总是告诉我的患者："大多数美国男性患者没有选择主动监测法，是因为他们担心癌症会扩散，同时作为医生，如果我们不推荐手术或放射疗法，也会感到不安。然而，在MSKCC，我们的承诺是，在力求保持患者生活质量的同时治疗癌症。因此，我们只会向确实有必要的患者推荐手术或放射疗法。"不幸的是，他们听到的全都是"大多数男性患者不选择主动监测法"，之后他们就油盐不进了。鉴于新的沟通方法大获成功，现在我可以把自己的观点阐述得头头是道了。特别强调的是，依据他们的病情，目前在我

---

[1] 罗伯特·西奥迪尼，在其著作《影响：说服的心理学》（威廉·莫洛出版社1993年版）中对此进行了更为全面的论述。

的诊室里，绝大多数男性患者选择了主动监测，而且每年我都要跟踪监测300多名男性患者。[1]

> 利用社会认同来增强你的提议的适当性。

独特性：承诺与风险并存

如法炮制，在商务谈判中同样的原则也可广泛适用。例如，大多数人都深知"标新立异"是提升吸引力和影响力的源泉。但正如早期前列腺癌患者案例所揭示的那样，当我们急切地将一个解决方案描绘为独特的、开创性的、优于竞争对手的时候，也在不经意间搬起石头砸了自己的脚。又如，当一位销售人员力图说服客户，他/她将有幸成为尝试这项新技术或解决方案的第一批幸运儿，或者说第一个吃螃蟹的人时，他很快就会发现自己的这种兜售效果被下列事实所削弱（甚至完全摧毁），对方可能捕捉到的弦外之音是："像我这样的人并不会这样做。"并且琢磨着："他们怎么知道我不会这么做呢？""现在根本不必急着这样做。"在此情况下，销售人员就需要通过添加一些其他信息，以中和"独特性"的说法，从而缓解客户诸如此类的顾虑。

---

1 贝法尔·埃德，与作者私下沟通交流的笔录，2014年。

> 将一个选项框定为独特的，可能会使其耐人寻味，但未必能引人入胜。

设置默认选项

默认选项是适当性的另一个标志。当某个选项是某一特定情形下假定或预设的选项时，就会让人们得出一个"它一定是出于某个原因而被默认的选项"的结论，也就是说，这必定是大多数人所选择的，是正常的或可接受的。研究表明，人们会受到默认选项的强烈影响。即使他们可以随心所欲地做出选择，但背离默认选项（现状）也会给他们带来一种心理负担。设置默认选项，对于人们而言，无论是在不同的战略还是不同的产品之间做出选择，无疑有助于增强选项的适当性。严格意义上讲，并不是说设置默认选项这一原则一定具有非凡的吸引力，如果一旦将某个选项设置为默认选项，其吸引力就被提升了。以前列腺癌患者为例，当患者进入诊室后，"手术"这一选项通常是脑海中浮现的默认选项。如果你在对话之初，就能成功地将默认选项转换成主动监测法，那对话就变得简单容易得多了；而如果让手术作为默认选项持续存在，之后即使你罗列出种种理由来摆脱它，也将会是一场艰苦卓绝的战斗。埃德医生对运用这一原则进行了如下描述：

当与患者讨论治疗方案的选择时，我先将主动监测方案设为默认选项，把关注点首先锁定于此。具体来说，我着力向患者说明，他们是低危前列腺癌患者，完全不同于高危患者，而且说："对于像你们这样的低危患者，我们推荐主动监测法，而对于其他的高危患者，我们才推荐手术或放射治疗法。今天，我将重点讲解主动监测法，但我也可以回答有关手术或放射治疗法方面的问题。"[1]

> 将你的方案作为默认选项呈现出来，
> 以增强其适当性。

你来起草协议草案或者开启谈判流程

在合同谈判中，谁来设定默认选项？这个选项从哪里来？一般来说，它通常掌握在起草合同初稿一方的手里，或者是提供合同模板（格式合同）一方的手里。因此，提交合同初稿或是提供格式合同，且被用来作为协议模板的一方，将会占据明显优势。根据我的经验，格式合同中的许多条款，包括一些对交易价值有实质性影响的重要条款，通常不会受到质疑，或许是因为它们写在了格式合同中，所以不会像口头提出的那些条款，双方总是会咄咄逼人地讨价还价、争执不下。人们会有一种自然的倾向性认识，"如果这一条

---

[1] 贝法尔·埃德，与作者私下沟通交流的笔录，2014年。

款出现在合同模板中，那一定是有据可循的，要么是很正常的，因为大多数人都愿意接受它"。

在与谈判有关的学术文献中，研究最广泛的策略之一是所谓的"锚定"，通常指的是：无论谈判中的哪一方，只要率先提出提议，都将强有力地主导谈判，并塑造对手对协议中哪些条款是可能和可以接受的认知。因此，谈判的最终结果（如资产的价格）通常与最初的提议密切相关。[1]

默认提议或预期也与如何设定谈判流程有关，包括完成协议的时间表、谁参与谈判、哪一方先提议、议程内容等。基于先例，大多数情况下对上述安排往往都有预先设定的预期或标准。谈判者应评估现有的默认选项，并在必要时尽力做出更改，因为与影响谈判框架的其他因素一样，默认选项持续时间越长，改变就越艰难。在对方进入谈判室之前，如果能更改默认选项，那就再好不过了；如果不能，那在谈判伊始时迅速采取行动，转变对方对默认选项的认知。正因如此，埃德医生现在竭力趁谈话之初，就将默认选项从"手术"转变为"主动监测"法。

> 起草谈判协议或谈判流程的一方会拥有更多的筹码。

---

[1] 心理学的相关文献将这种现象更准确地称为"锚定和不充分调整"。这个想法是，人们意识到分析的初始点（锚定），可能是最初的预估，也可能是对方的首次提议等，可能不是正确的判断，仅仅是一个初始点而已；即便如此，对初始点的权重也会过高，需要做出适当的调整，并渐渐偏离初始点，但是为此付出的努力往往不足以改变最初的锚定。

转移参照点

1万美元是一大笔钱吗？要明确回答此问题，还真难给出确切的答案，因为这主要取决于你比照的对象或各自的预期。如果你正打算买一块手表，那就是一大笔钱，而且数额相当可观；如果你打算买一套房子或者正在讨论国债，那这个数额就相对微不足道了。也就是说，人们处于对某事一无所知的状态下，往往是不会轻易对数据和选项做出反应或评估的。如果一个人要评估某项方案或时间表的合理性或绩效考核指标的完成情况，那么他或她的脑海里总会有一个参照点。如果这个参照点是"错误"的，即使是最好的数据或最有价值的提议，其评价也可能是糟糕的。因此，在陈述你的意见之前，设定一个恰当的参照点乃明智之举。正如埃德医生如下所言：

过去，当我解释说，主动监测需要每6个月进行一次跟踪随访时，患者及其家属会立即感到惊慌失措，认为这似乎不像是"密切"跟踪监测，而像是癌症极有可能会在每6个月的预约时间点之间扩散。此时，讨论就进入了对方的防御状态，虽然我会争辩说，6个月内可能会扩散，而其可能性是微乎其微的，但往往于事无补。现在，在讨论至最后，提及后续治疗方案之前，我会说："在前列腺癌临床诊断确诊的4~6年之前，PSA筛查法就能够监测到相关病情症状。此外，对于从未接受过治疗的罹患前列腺癌的男性患者，其病症的转变或病情的发展一般需要10年的时间。因此，保守地讲，5年内我一定能再见到你；但是，我们将非常密切地监测你的病情，并计划让你每6个月回来复诊一次。"以前列腺癌病情的自然发展年限为参照，设置一个恰当的参照点，6个月的随访间隔时间现在被认为是很短的了。但以前对患者来说，6个月似乎是遥遥无期的。[1]

无论你的谈判是发生在商业协议中、武装冲突中，还是在医生的诊室里，也无论你的提议是被视为均衡的还是一边倒的，是慷慨大方的还是不公平的，是令人欣慰的还是焦灼不安的，接受者心目中的参照点往往起着决定性的作用。对谈判者来说，最重要的是要确保对方能在恰当的语境下评估方案的实质内容，既要提供一个合适的评估方案的语境，也要提供参照点，两者缺一不可。与默认选项一样，预先设定的参照点是否适当或有用，或者是否需要重新设定，都是值得关注的。

> 设定一个恰当的参照点。如果对方的参照点设置不当，即便是慷慨的提议也会得到负面的评价。

---

1 贝法尔·埃德，与作者私下沟通交流的笔录，2014年。

不要为你的提议道歉

如果一位医生给患者提了好的治疗建议，却因患者不喜欢而表示歉意，这样做不但会削弱建议的价值，而且贻害无穷。道理同样适用于各类谈判之中。例如，我曾给多家创意产品和服务公司提供过帮助，在多数情况下，我的建议使得他们的报价比竞争对手高出10倍之多。当销售人员首次抛出一个高价位时，顾客的反应常常是惊讶、失望和烦恼交织在一起，不可避免地会说出："没有人会为这种东西支付那么高的价格的。"此时此刻，销售人员犯下的最严重的错误就是对这个高价流露出歉意。许多言辞与行为均可以表露出歉意，回应对方说："我知道价格偏高，但是……"立马表示必要时愿意议价；偏离了最初高调的价值定位；开始提及其他公司的收费标准；或者只是说话时没有底气。然而，为什么销售人员经常会有此举，是因为对方的反应让他们猝不及防，被迫陷入本能的防御，还是因为他们感同身受，力图表露出对对方的体恤和友好？最终，销售人员究竟应该怎么做呢？

在销售或其他各类谈判中，如果你精心设计了方案，并认为它是公道合理的，就不要为之道歉。一旦稍有表露，就意味着你默许了对方可以讨价还价，虽然这并不意味着你应该绝口不谈价格，也不意味着你不应该对报价做出解释。但当你为自己的提议道歉时，就是在作茧自缚，表明你在说自己的提议不合时宜，不是一个合理的谈判起点。除了竞争性报价，如果你还能把更多的内容带到谈判桌上，那么你就需要将议题转移到价值定位上来。例如，如果客户抱怨价格太高，销售人员可以说："我想你可能感到特别诧异的是，为什么价格如此高昂，但还有这么多人排队购买我们的产品呢？究竟能创造什么样的价值，使得我们能从竞争对手手中赢得如此多的生意呢？我很高兴能与您有这样的对话。总而言之，大家都十分清楚，每个人都希望货真价实、物有所值。让我们来谈谈价值定位吧……"

> 一定要证明你的提议是合理的，
> 而不是为之道歉。

关于增强适当性方法的讨论，最后一点值得我们深思的是关于谈判框架所牵涉的伦理问题。埃德医生的意图显然是仁慈的。然而，在其他情形下，我们必须考虑某个框架在什么情况下是合理的，什么情况下可能是不择手段的。当你在帮助别人做出抉择时，不仅要评估你自己的动机，还要评估接踵而至的一切后果，这一点至关重要。在迄今为止的各种案例中，我们都竭力把关注点放在谈判者身上，他们使用框架策略帮助各方打破僵局，并达到实现价值创造的结果。

或出于居心不良，或出于思虑不周。（本章之后将探讨这种情况。）但这并不意味着，运用以上这些原则不可能将人引入歧途。庆幸的是，仅仅通过框架策略来说服人们选择于他不利的行动方案，并非轻而易举的事。正如我们前面讨论的案例所揭示的那样，在绝大多数情况下，只有当你的目标方愿意甚至可能希望都朝着你引领的方向前进时，框架策略才能发挥其最佳效果。重要的是你要能让目标方轻车熟路地跟随。

另外，并不是只要你能在谈判风格和谈判框架上满足对方，对方就愿意满足你的实质性要求。很不幸的是，在某些情况下，双方都各持己见或相互牵制，始终无法接受对方的立场。这时，框架力能提供什么帮助？在下一章，我们将探讨这个问题。

04
战略性模糊

美印民用核协议

1968年，通过谈判，各国缔结签署了《不扩散核武器条约》（*Treaty on the Non-Proliferation of Nuclear Weapons*）（通常又称为《核不扩散条约》（*Non-Proliferation Treaty*, NPT）。《核不扩散条约》的签署旨在将未来拥有核武器的国家数量，限定为当时已经拥有核武器的5个国家：美国、英国、苏联、法国和中国。无独有偶，这5个国家正是联合国安理会的5个常任理事国。《核不扩散条约》达成的长期愿景是，各缔约国承诺：（1）不从事核武器扩散活动；（2）裁减有核国家的核武器军备；（3）支持缔约国和平使用核技术；（4）接受国际原子能机构（The International Atomic Energy Agency, IAEA）的检查和保障监督，以确保核使用的安全和合规。

到21世纪初，《核不扩散条约》的缔约国达到190个，当时仅有4个国家拒不签署这一条约。在《核不扩散条约》生效后的几年里，各非缔约国都不同程度地成功研发了自己的核武器。

如果面对同一个问题，而双方均僵持不下，你怎样才能让谈判达成共识？当一方的最低要求（基于国际安全的逻辑）完全不能为另一方（基于国家主权的逻辑）所接受时，你将如何调和各方的利益？

无须借助金钱或权势

2007年，美国和印度启动了双边协议谈判。2008年，在印度议会举行的不信任投票中，印度总理曼莫汉·辛格（Manmohan Singh）领导的政府幸免于难，得以留任；同年，国际原子能机构通过了保障协议，而且由45个国家组成的核供应国集团也授予了印度豁免权。同年晚些时候，美国国会通过了与印度的双边协议，两国于2008年10月10日正式签署协议。

协议是怎么达成共识的？哪一方屈从了对方的要求，从而接受了对方的逻辑？哪一方做出了勇敢的让步？而事实证明，各方都没有做出妥协。

那美印两国签署的《123协议》是否限制了印度的核试验？如果印度引爆核装置，进行了核爆炸试验，协议是否规定要立即终止美印两国之间民用核贸易？没有人敢拍着胸脯保证。

2008年10月1日，时任美国国务卿康多莉扎·赖斯（Condoleezza Rice）在向参议院递交的证词中宣称："正如我公开做证的那样，我向民众保证，印度的核试验必将导致非常严重的后果。依照美国现有的法律规定，如果印度真的进行了核试验，两国之间的合作会自动中断，同时我们还将采取一系列的制裁措施。"[1]

再来看看印度方面的表态，2008年10月3日，时任印度外交部部长普拉纳布·慕克吉（Pranab Mukherjee）在被问及印度方面是否要牺牲核试验权才能达成的协议时，他澄清说："我方不希望将这种'自愿暂停'核试验转变为一种'条约约束'的义务。这一立场不会改变。"[2]

到底是怎么回事？协议到底做出了怎样的规定？如果有人应该知道的话，那就应该是赖斯部长和慕克吉部长，因为这两个人于2008年10月10日签署了最终协议。事实上，《123协议》以及基于两协议之间的关系而精心构思的《美印协议》，故意含糊其词、模棱两可。而这种缺乏精准性的表述正是设计使然：这就是战略性模糊的艺术。

战略性模糊

虽然战略性模糊策略存在一定的风险，但如果是在适当的时间以适当的方式使用的话，又是大有裨益的。战略性模糊是有风险的，是因为它所创建的协议，往往存在着一些漏洞，不同的各方可以截然不同的方式进行解读，我们稍后就会重新审视这个问题。但是一个协议文本存在多种解读也是在所难免的。这是因为有的时候，问题不在于双方不能接受对方的要求，而是明文规定或明确宣

---

1 康多莉扎·赖斯：《美国参议院国会记录》，2008年10月1日。
2 《印度将遵守单边暂停核试验协议：普拉纳布》，《印度时报》2008年10月3日，http://timesofindia.indiatimes.com/india/India-will-abide-by-unilateral-moratorium-on-N-tests-Pranab/articleshow/3556712.cms，于2015年6月25日访问。

称你方愿意接受对方要求的时候，问题就非同小可了。

面对这次谈判，美国和印度的谈判代表深刻意识到，无论签署何种协议，无论用哪种语言表达，都必须明确写上"双方均已就此达成共识"这一条，即如果印度再次试验非民用核武器，当然在技术上来说是完全可以做到的，那么美国就会迫于国际和国内压力，被迫终止双方的协议与合作。因此，美印双方签署的这项协议中是否有此具体条款内容，还真是无关紧要的。也就是说，摆在眼前的事实是，如果印度一意孤行，一定要进行核武器试验，美国也是无可奈何的，只有即刻终止合作、退出协议，对此印度也同样万般无奈。既然清楚知道这将是美国的反应，就应该是印度一开始就放弃进行核武器试验的最好动因。换言之，既然双方的动机是一致的，那么谈判室里的每个人就每件事均应达成共识，不留争议空间。然而，将协议用白纸黑字写成书面文件是很有问题的。几个星期以来，双方谈判代表一直在努力研究协议条款的措辞，使双方都能在受制约的条件下欣然接受条款内容。任何类似于"如果印度试验核武器的话……"这样的表述，对印度来说是决然行不通的；但是对美国来讲，没有这样的表述也是绝对不可能接受的。最终的解决方案，有悖于大多数律师的直觉判断：协议表述须得含糊其词，方能留给双方最大的空间，以允许各方以最有利的方式解读协议，并呈现给各自的支持者。

在关键问题或原则上，如果双方都不愿意公开屈从对方的要求，那么使用战略性模糊语言，刻意让双方欣然接受多种解读，可以帮助双方达成协议。

如果动机不良,战略性模糊则会危险重重

为了更好地识别战略性模糊在谈判者的工具包中所发挥的作用,并帮助厘清一些清晰的界限,以明白什么时候它是可取的,我们首先要把不同类型的战略关系区分开来。有的时候,谈判一方或双方无论出于何种动机,一旦有能力利用另一方来谋取利益,势必都会竭尽所能,除非最后达成的合同或协议使得这种动机的实现变得完全不可能甚至得不偿失,才会善罢甘休。鉴于此种情况,明智之举是在协议中明确界定双方的权利和义务,并明文规定哪些行为是被禁止的,应避免使用战略性模糊语言。与此相反,有时谈判双方就是一个利益共同体,所以无论你明文规定什么,或者明令禁止什么,这种关系都是互惠互利、自我维系的。在此种情况之下,双方处理合同的方式就可以灵活些,比如合同形式可以不完整,或者合同语言可以模棱两可,如果能帮助解决一些其他问题(例如,合同的直观效应),又何尝不可?换言之,什么时候使用战略性模糊策略,是会受到双方所处的情况制约的。如果你有其他健全的配套机制来约束谈判各方遵守适当的行为规范,那么就可以使用战略性模糊策略。印度外交部部长普拉纳布·慕克吉明确表示,民用核能源的谈判符合这一标准,也就是说,该协议基于双方的权利和利益,本质上是各方自主实施的协议。就在协议签署前几天,他还这样说:"我们有权进行试验,其他国家也有权做出反应。"[1] 这些

---

[1] 《印度将遵守单边暂停核试验协议:普拉纳布》,《印度时报》2008年10月3日,http://timesofindia.indiatimes.com/india/India-will-abide-by-unilateral-moratorium-on-N-tests-Pranab/articleshow/3556712.cms,于2015年6月25日访问。

语言是不适合写入协议的，但是说给印度国内的支持者听听是完全合适的。更为普遍的事实是，当笼罩在支持者上空的局势危机的阴霾越来越大时，人们有时则愿意接受某些事实上存在的限制条款，包括那些因某种战略合作而强加给他们的约束条件，尽管如此，他们普遍还是不愿意以书面形式承认或证实这些限制条款。

> 只有用其他健全的配套机制，
> 来确保谈判双方遵守适当的行为规范，
> 才能使用战略性模糊策略。

战略模糊在双方早期关系中的作用

颇具讽刺意味的是，在谈判伊始，当各方因缺乏信任而无法达成全面协议时，战略性模糊是可以派上用场的。也就是将此原则反其道而行之，各方会先达成一个不完整或者模棱两可的初始协议，以帮助各方保持接触直至建立信任。比如，在一个跨文化的协议谈判中，如果其中一方担心与对方建立长期合作关系的风险太大，同时鉴于对合作方之前的信誉记录一无所知，他们将避免签署有过多承诺的协议。但是如果协议中存在太多过于明显的含糊其词，或不敢承诺的语言时，也可能把水搅得更浑，把事情变得更复杂。可以思考一下此番情形，假设X公司拟在一家新的生产商Y公司处采购原材料，但由于对Y公司缺乏了解，所以X公司不愿意签署一份长期有效的合同或者做出任何相关承诺，以让Y公司的投资获得相应的回报。Y公司也有心理准备，也能够接受这样的事实，即如果自己未能如期给对方提供满意的产品，X公司将会另谋他途，与别的公司签约。然而，如果双方在初始协议中语言表述含糊其词、态度不明朗，其中许多条款以多种方式描述了X公司不用对Y公司的前途命运负责任，这势必会带来消极影响，或者迫使各方正视那些棘手的问题，进而陷入无休止的讨价还价之中。至此，我们要明白一点，尤其对于那些正处于合作初始阶段的谈判双方来讲，即使深知彼此能从遵守相应的行为规范中获益，也能就这些安排在原则上理解并达成共识，却很难一开始就用文字精准地表述出来，并最终写入协议，而谈判双方又亟须建立一种长期的并不断发展的合作关系。因此，在初始谈判协议中，对双方关系性质的表述可以略微隐晦，对彼此做出的承诺力度和时间期限的描述可以稍显含糊，可以为双方提供一定程度的灵活性和自由度，以克服谈判初期的犹豫不决，并在"没有附加条件"下轻松愉快地寻求早期合作。

> 当双方无法充分信任彼此做出的承诺，
> 却又明确表示不接受无承诺时，
> 战略性模糊可以帮助各方开启关系。

值得强调的是，无论我们遇到上文讨论过的何种情形，谈判双方之间真正意义上的、长期的相互理解，始终不能被战略性模糊所取代。如果在关键问题上存在重大分歧，战略性模糊不仅无济于事，还可能使问题雪上加霜。因为考虑到框架力可能会被误用来解决冲突，所以接下来我们需要更详细地讨论这个话题。

05
框架之局限性

绘制通往伊拉克战争之路

2002年，由乔治·沃克·布什（George Walker Bush）总统执政的美国政府，正极力促成一项联合国安全理事会决议（United Nations Security Council Resolution），以裁定萨达姆·侯赛因（Saddam Hussein）统治下的伊拉克（Iraq）政府严重违反了安全理事会之前的有关决议，实施了"拥有大规模杀伤性武器计划"。安全理事会成员国一致同意派遣武器视察员，进驻伊拉克境内，以核查伊拉克是否遵守了联合国的相关协议规定。然而，随着事态逐步深入发展，出现了严重的意见分歧。美国（The United States）联合英国（The United Kingdom）及其盟国一道强烈要求，如果伊拉克不能及时满足视察人员要求，那么将自动触发联合国为遏制伊拉克而提出的"授权使用武力"，用武力解决争端。法国联合德国、俄罗斯及其他有关国家（包括视察员本人），则希望能给视察员更充足的时间，重要的是，他们根本不希望走到因自动触发战争而使用武力这一步。[1]恰恰相反，他们强烈要求，如果真的是形势所迫，不得不采取"授权使用武力"的时候，安理会各成员国能再次会晤并达成一致意见，然后再做出相关裁定。从以法国为代表的联盟国家的角度来看，即使伊拉克没有实施大规模杀伤性武器计划，一旦自动触发战争机制生效，必然爆发战争。因此，他们当时的想法是：伊拉克应该"立即、无条件、积极地"证明他们境内没有大规模杀伤性武器，并非善于隐藏，也更没有撒谎，以反驳美国及其盟友的自以为。

显而易见，引发谈判的核心争端是基于一个实质性问题：自动触发战争机制，这往往需要双方的某种妥协才能达成一致。更为重要的是，关于这一点，还存在一场更深层次的争议，究竟在何种条件下使用武力来解决争端才是合适的。

一个警示故事

各方并没有着力解决这一核心争端，而是选取了一种战略上模棱两可的解决方案：《联合国安理会第1441号决议》。该决议本身并不包含任何自动触发战争的文字描述，但是在言语措辞上，却被美国及其盟国解读为，该协议有足够的效力可以授权使用武力。[2]比如，尽管决议明确表示，在对伊拉克采取军事行动之前，

1　玛姬·法利：《为获得联合国安理会支持而大推进》，《洛杉矶时报》2002年10月12日。
2　查阅《联合国安理会第1441号决议》全文，请点击此链接：http://www.un.org/depts/unmovic/documents/1441.pdf。

需要做进一步的审议，但是决议也声明，这是给予伊拉克的"履行其裁减军备义务的最后机会"。美国驻联合国大使约翰·内格罗蓬特（John Negroponte）表示，在《联合国安理会第1441号决议》通过后不久，人们发现自动触发战争并不是该决议中唯一被剔除的字眼：

在伊拉克进一步违反决议的情况下，如果安理会（The Security Council）未果断地采取行动，那么本决议并不会限制任何成员国（Member State）采取行动，以保护自己免受伊拉克威胁，或强制实施联合国的相关决议，以捍卫世界和平与安全。[1]

在裁定伊拉克是否遵守该决议的事情上，只要有两个联盟达成了一致意见，关于是否授权武力，就不会有任何问题，双方在必要时进行第二次投票表决即可。然而不幸的是，不久之后，在伊拉克遵守决议的程度、授权使用武力的必要性和时间，以及是否进行投票表决等问题上，以美国和法国为代表的两个联盟产生了严重分歧。鉴于核心争端问题仍然悬而未决，显而易见，法国和俄罗斯会反对立即诉诸武力，同样也会投票反对任何此类授权。与此同时，对于一贯主张使用武力的美国布什政府来说，一个失败的授权投票表决比不投票会更让人难堪。

然而，事态发展每况愈下，在根本就没有就是否使用武力进行

---

[1] 查阅演讲全文，请点击此链接：http://www.un.org/webcast/usa110802.htm。

第二次投票表决的情况下，在全然不顾以法国为首的联盟的强烈反对的情况下，甚至在《联合国安理会第1441号决议》中根本就没有明确授权自动触发使用武力的情况下，2003年3月20日，以美国为首的联盟公然对伊拉克发动了战争。无论是法国还是美国，双方联盟都辩称自己是遵照《联合国安理会第1441号决议》的相关规定而行事的。这次争端解决以失败告终，其失败不仅体现在未能成功阻止战争的爆发，而且导致了联合国安理会成员国之间、其他国家之间更严重的分歧，包括对安理会的不信任。即使战争是不可避免的（例如，如果美国坚持使用武力），使用战略性模糊策略来掩盖根本性的分歧不但无济于事，反而使事态愈演愈烈、雪上加霜。

战略性模糊并非实质性冲突的灵丹妙药

理想状况下，只有当各方都能实质性地充分理解并接受分歧所带来的事态严重性，但有时又由于语言表达过度精准而带来负担，各方很难将其明确记录下来，此时才使用战略性模糊策略，以帮助各方达成协议。然而，即使谈判各方并没有在实质问题上达成协议，有时也会选择战略性模糊策略，仅仅是因为这是破解僵局的便捷方式，或者是因为战略性模糊策略会让谈判各方以为达成了"某种协议"，并非没有协议，而且有协议总比没有好。然而这样做是很有问题的，可以说是暗藏隐患，因为它只是暂时通过掩盖实质性冲突而推迟了冲突，却同时给谈判各方造成了一种错觉，即已经达成了一项有价值的协议。当冲突再次爆发时，事态就会演变得更加

1 框架力 53

糟糕，因为不仅希望破灭，惨遭违约损失，而且谈判各方对于所谓的协议，在心理上、政治上或经济上的付出都代价高昂、得不偿失。

> 战略性模糊不能替代在实质内容上达成真正的一致。

当前和未来冲突之间的权衡

战略性模糊策略需要在当前和未来冲突最小化之间做出权衡。如果你想降低未来冲突升级的可能性，那么战略性模糊策略并不适用。如果你想避免随着谈判的进一步深入，各方对协议的多种解读，那么协议内容则必须逻辑严谨、语言清晰，绝不可模棱两可、含糊其词。然而，如果你更看重如何化解当前的僵局，以免谈判伊始就让协议的达成变得困难重重，那么使用战略性模糊策略不失为一个妥善的解决办法。从这个视角来看，选择战略性模糊策略就意味着要下一个赌注，即为了换取现在的轻松容易，我们就得接受未来可能出现的更大风险。恰如我们所见，在决定下赌注之前，需要权衡成本和收益，但需要把握的一个适用法则是，如果在实质性问题上出现严重分歧，并且随着时间的推移也难以弥合或者会更糟时，应尽可能地避开战略性模糊策略。

> 战略性模糊策略就是在化解当前冲突和
> 尽量减少未来冲突之间做出权衡。

警惕诱惑，不达成协议绝不握手

正如《联合国安理会第1441号决议》谈判所展示的那样，谈判各方在未充分考虑未来冲突可能产生影响的情况下，就贸然采取了战略性模糊策略。这可能是因为谈判各方战略眼光短浅，也就是说，对随之产生的后果考虑不足，而且可能受到了某种激励机制的影响。假若谈判者会因达成协议而受到奖赏，因未达成协议而受到惩罚，无疑他们将想方设法达成协议，哪怕这个方法存在诸多瑕疵与不足。这些激励措施在商业世界的谈判中，可谓是明确的、毫不隐晦的，而在政治世界中则是隐含的、秘而不宣的。支持者们（如选民、高层管理人员、媒体）更容易判断某项协议是否达成，但是难以估量其后续长期影响。由此，谈判者可能会更倾向于选取能平息当前冲突的策略，即使这样做可能会增加未来冲突的可能性或者提升未来冲突的级别。

> 如果达成协议可以获得奖赏，
> 那么谈判者可能会隐瞒实质性分歧，
> 从而推动达成有瑕疵的协议。

模棱两可的协议可能具有寄生性

平心而论，我们还可以用另一种更加冷酷无情的方式来评判2003年美国和法国之间所发生的事情。设想一下，假若美国和法国之间没有达成战略性模糊的《联合国安理会第1441号决议》，将会发生什么？是否意味着即使未经联合国授权，美国也依然会伙同少数联盟国对伊拉克发动战争？一切皆有可能，而且无论如何他们都会这样做。那为什么双方还要劳神费力地达成这个协议呢？原因是双方都更倾向于达成一份战略性模糊的协议，而且彼此都心知肚明，相对于没有协议而言，这样的协议更有可能会导致未来的冲突：一方面，尽管只有少数国家参与军事行动，美国还是希望能够借此声称获得了联合国授权，从而可以冠冕堂皇地"握敕令以至四方"；另一方面，法国也借此希望避免开创一个先例，即当任何一个联合国成员国意图发动战争时，可以置安理会于不顾而自行其是。

这个看似冷酷无情的观点表明，案例中双方达成的战略性模糊协议事实上维护了双方的利益，因为双方在实质问题上并没有严重分歧，美法双方一直都心照不宣，即使没有获得联合国的大力支持，美国依然会一意孤行，采取单方行动，但双方又都心怀幻想，即联合国没有被抛弃。他们这样做，让美国觉得自己坚持了行动的合法性，同时又让法国觉得自己捍卫了联合国的合法性。

假设以上观点是正确无误的，那么从参与谈判的各方视角来看，谈判的失败并不在于不恰当地应用了战略性模糊策略，因为各方都已得偿所愿，成功地达到了自己的目的。谈判的失败真正源自制度层面，有时，谈判桌上的双方都为彼此找到一条路径，通过它，可以对外宣称自己取得了谈判的胜利，但并不意味着这是服务谈判大局，而仅仅是为了实现各自的狭隘目标，甚至是以牺牲其他利益相关者为代价的。我们把这种一切行动使然皆是为谈判桌上的各方利益服务，却以牺牲谈判桌之外其他各方利益为代价的行为，称为寄生性价值创造。[1] 之所以将这种在谈判桌上通过巧取豪夺而获得的价值利益冠以"寄生性"三个字，因为它既不是通过各方合作和贸易往来而产生的协同效应，也不是彼此互惠互利而创造出来的，而是从别人的口袋里窃取来的。

遗憾的是，作为一种"让各方都满意"的谈判工具，若要发挥战略性模糊策略的作用，应将其掌握在那些实际上没有创造任何总体价值，却会因完成协议而获得个人利益的人手中。因此，本案例的经验教训，对于那些即将承受谈判后续负面后果的利益相关者来说尤为重要：一定要警惕在强加于你的协议中，有关内容的歧义或不完整性表述。如果谈判双方激烈对抗，争执持续相持不下，或者作为其他利益相关者的你将会付出代价，但你无法直接全程参与到谈判讨论之中，那么你就需要想方设法获取相关信息，尽力要求谈判的协议条款表述更加清晰或精准，或者要求对那些含糊其词的内容做出更有力的解释。

> 模棱两可或不完整的协议可能具有寄生性，
> 它仅满足了谈判桌上各方的利益，
> 却以牺牲其他利益相关者的利益为代价。

---

[1] 詹姆斯·吉莱斯皮和马克斯·巴泽曼，在其文章《寄生一体化：包含失败者的双赢协议》中，首次在此背景下引入了"寄生"一词，载《谈判杂志》（总第13期），1997年第3期，第271—282页。另请参见迪帕克·马哈拉和马克斯·巴泽曼：《谈判天才》，班坦图书公司1997年版。

在对谈判中使用战略性模糊策略所产生的潜在问题的深刻反思，以及对谈判中使用框架策略化解冲突所面临的相关问题的全面回顾后，值得我们重点关注的是，在大多数情况下，使用框架策略有助于打破僵局，而不会带来本章所讨论的各种类型的负面影响。还需注意的是，无论是否有人试图影响谈判框架，框架始终存在，如影随形。因此，人们不可避免地会用一种默认的视角来评估谈判的提议和选项。问题的关键在于，对于谈判者而言，为了取得对谈判各方更有利、更公正的结果，无论是谈判桌上的各方，还是与利益相关的各方，是否要重新架构谈判框架，以及如何架构谈判框架。

如何为一项提议或结果架构谈判框架？我们已经在上文做了翔实的讨论。在结束本章之前，让我们聚焦以进一步深入探讨谈判主体之间的关系框架，即谈判各方如何看待对方，可能会对谈判本身产生广泛、强大而持久的影响。如果你能意识到这一点，你将会提早行动，为未来构筑合理的关系框架。

06
先声夺人的优势

未撕毁和平协议

你知道这是哪个国家吗？美国历史上最悠久的且长期有效的条约，就是与这个国家签署的。美国在境外领土上购买的第一座建筑物也位于此国境内，该建筑也是美国在本土以外，且唯一被指定为国家历史性地标的建筑。[1]在美国发动的"反对恐怖主义战争"中，这个国家一直以来是美国坚定的支持者，但两国之间的军事合作由来已久，在第一次世界大战期间，这个国家就曾派遣士兵与美国军队并肩作战，在美国内战（American Civil War）期间，它就坚定地与美国站在一起，抗击南部联邦（Confederate states）的进攻。同样，美国长期以来也一直支持和帮助这个国家免受外国势力的干涉。它也是世界上与美利坚合众国（the United States of America）签署自由贸易协定（Free Trade Agreement）的20个国家之一。这是哪个国家呢？

---
1 美国有超过2500个国家历史地标。除了位于美国各州、领地和（与美国联系紧密的）自治政区的地标外，其余少数位于与美国有"自由联合"关系的岛屿国家。

给出更多的提示：这个国家位于非洲，人口中约99%是阿拉伯人和柏柏尔人（Berber），且其中有99%是穆斯林。在非洲大陆上，它是美国仅有的被指定为"非北约主要（non-NATO）盟友"的两个国家之一，为其提供特殊的军事和金融上的支持与合作。还有别的猜测吗？

再给最后一个提示：一部在美国享有盛誉且广受欢迎的电影的取景地，就在这个国家最大的城市，该电影的剧本也备受观众的好评和追捧。这个特殊的美国友邦是谁呢？

那些看过《卡萨布兰卡》（Casablanca）的历史学家和电影爱好者们，可能会独具优势，能猜出并确定这个非洲国家就是摩洛哥王国（The Kingdom of Morocco）。然而，大家真正好奇的问题是，它是如何做到同美国保持这种友好而又持久的合作关系的呢？

无须借助金钱或权势

1786年，美国与摩洛哥通过谈判达成一致协议，由托马斯·杰斐逊（Thomas Jefferson）和约翰·亚当斯（John Adams）代表美国同摩洛哥方面签署了这份《摩洛哥—美国友好条约》（*Moroccan-American Treaty of Friendship*），当时负责双方谈判的代表是：美国的托马斯·巴克利（Thomas Barclay）、摩洛哥（Morocco）国王穆罕默德三世（Mohammed III）、苏丹（Sultan）。[1]正式条约用阿

1　国会于次年，即1787年，批准了该条约。

拉伯语（Arabic）书写，然后翻译成英语，共包含25项条款，内容绝大部分是关于海军和商业事务方面的，其中最后一项条款规定了履行条约义务的时限："根据上帝的授意，本条约有效期为50年。"但是约230年过去了，条约却仍在生效。该条约最终版本最后条款对于协议有效期的表述非常精准，而其在序言中的有关表述却极具乐观主义色彩，它是这样写的："在1200年（根据伊斯兰教历法计算）神圣的舍尔邦月（Month of Shaban）（伊斯兰教8月）25日签署，愿上帝保佑，条约永久有效。"

《摩洛哥—美国友好条约》的签署，只是将两国之间存续近十年的友好关系正式化。早在1777年，作为当时非洲第一个拥有独立主权的国家，摩洛哥第一个承认羽翼未丰的美利坚合众国为独立国家，由此迈出了两国之间友好关系的第一步，也是至关重要的一步。同年12月，目睹了与美国密切商业贸易往来关系所带来的重要价值，国王穆罕默德三世苏丹宣布，摩洛哥的所有港口将对美国永久开放。由于那时美国正疲于应对与英格兰之间迫在眉睫的战争忧患，时隔几年之后，美国政府才开始对这项提议做出积极回应。这种回应不仅播下了发展两国友好关系的种子，也为几百年来两国间的商业贸易往来奠定了基础。

先声夺人的优势

正如之前我们所了解到的，当涉及谈判框架问题时，先声夺人的优势是强大且不容小觑的。谁越早建立并确定谈判框架，谁就越能掌控并影响后续谈判。当我们在讨论默认选项时，就看清了这一点：哪一方先设定谈判的最初基调或起草协议草案，哪一方就将居于有利地位。就美国和摩洛哥之间持久而稳定的友好邦交关系而言，在双方正式签订友好条约之前，双方友谊的框架很早就确立起来了，其先声夺人的主导作用毋庸置疑，因为当时没有更早的、占主导地位的框架体系与之抗衡。在商业背景下，通常在交易过程的初期就需要思考架构多个谈判框架。如关于双方实力强弱的对比研判，坚持公开透明或是侧重防范是否有意义，在评估报价和估值时选择参照点或先例的合理确定，等等。谈判高手会特别留意这些框架所带来的重大影响力，并随着谈判的逐步展开，积极寻求尽早建立对自己有利的谈判框架体系，以掌控主动权。

> 框架具有强大的先声夺人的优势。
> 只要有可能，在谈判伊始就要努力控制谈判框架。

尽早重构框架

因为你并非总是能设定最初的谈判框架，所以你得根据谈判需要，快速采取行动，实时评估和更改框架。前不久，我认识的一位鼎鼎有名的介入心脏病学专家，正在就合同续签的相关事项，与他所在的医院进行谈判。他原以为医院的CEO对他为医院带来的巨大价值应该了如指掌，续签是顺理成章的事。然而出乎他意料的是，谈判伊始，医院的CEO就给了他一个下马威，提出的开价是续签后给他降薪20%。为此，CEO随手拿出了医院的系列相关数据和大量文件，以充分证明目前医院正处于亏损状态，同时医生所做的每一台手术也是亏本的。在薪资计算方面，CEO列出了医院各种眉目的固定成本开支，来证明降薪20%的理由，却只字未提这位医学专家除了手术之外，通过其他各种方式为医院所创造的实际价值，以及为医院带来的无形资产等。每次他们讨论这个问题时，总是不欢而散，争论的焦点是医院的CEO所做的损益分析，究竟是否具有公平性和合法性。

这位医生清楚地意识到，要想推翻目前占主导地位的框架，即"因为医院目前正在亏钱，所以适当削减你的薪资是公平的"，他要采取的唯一办法就是，提出一个完全不同的框架模板作为讨论的基础。因此，这位医生向医院的CEO提出，出于公平起见，在双方下一次讨论此问题之前，希望参考一个来自第三方机构的客观分析，来界定他对医院所做贡献的公平市场价值。许多医院都会使用本领域所特有的比较分析法来决定医生薪资的多少，而且也有许多公司提供此类服务。医院的CEO同意了他提出的方案。正如这位医生所料，统计数据显示，与他为医院所创造的价值相比，他目前的薪资水平是偏低的。这不仅使谈判话锋转向了适当地增加薪水，而且给医院的CEO提供了充足的理由，让他为这位医生加薪。

> 如果目前的谈判框架于己不利，
> 尽早重构新的谈判框架。

未雨绸缪

通过比较分析，我们发现，摩洛哥与美国保持长期友好关系的例子，与我们之前所提及的诸多案例有所不同。其中的一个重要方面是，摩洛哥国王苏丹的主动示好，并非旨在解决当前它与美国的僵局或冲突，而是在设计搭建一条路径，能借此化解未来双方之间可能的矛盾冲突。正如早期构建谈判框架比后期架构更具有强大影响力一样，预先遏制和避免可能的僵局比直接破解僵局要容易得多。这一原则不仅适用于管理实施重大的战略性举措，也适用于处理更烦琐的战术性问题。

举个有趣的例子来证实这一观点。在第三次联合国海洋法会议（1973—1982年）上，新加坡常驻联合国代表许通美（Tommy Koh），主持了一个重要委员会会议，负责讨论与深海采矿相关的有争议性的问题。来自150多个国家的代表出席了会议。许通美大使需要想方设法来调和与会各方的不同利益和观点分歧。组织如此庞大的一个团队，要就每一个有争议的问题进行讨论，显然是万万做不到的。因此，许通美大使设法将团队讨论人员规模，缩减到更易于掌控的人数范围。要想做到这一点，难度之大可想而知，因为参会的每个人都觉得自己有权利、有理由坐在这里。几年之后，许通美大使回顾了当时的情况：

刚开始，我们把来自150个国家的代表召集在一个会议室里开会，就深海采矿相关合同中的经济条款进行谈判磋商，这样做是非常有必要的，因为你需要对深海采矿合同的相关知识进行普及性教育……告知他们争议的问题是什么、参数是什么，以及各种不同的解决方案，并向他们每个人解释有关技术性术语，等等。一旦完成了这些工作，你就需要把这个庞大的全体会议变为小型论坛……[1]

但是，你如何做才能排除一些人参会呢？这本身也是为了所有参会国代表的利益。以下是许通美大使的做法：

我组建了一个全新的"金融专家组"，而且挑选了一个最多可容纳40人的会议室，会议形式是开放式的，不设具体参会人员名单，任何参会国代表均可参会，但仅仅是"金融专家组"这个名称，就有点儿让人望而却步。许多同僚都认为自己没有资格来参加这个小型论坛。而我也没有主动邀请他们来参会，或者告诉他们可以来参加，以致很多人都没有来。因此，我们就顺理成章地举行了一个小型研讨会，而且通过集思广益，促使问题得以解决。

通过许通美大使的做法，我们可以看到，谈判高手往往会竭力预判可能出现的僵局，并积极创造条件让大家巧妙地避开直接对抗，同时也会让大家觉得自己并非不受重视或正在做出重大让步。如果要求人们离开会议室，会相对困难，不如刚开始就架构一个阻止人们进入会议室的框架，这样相对简单得多。这也提醒了我们，

---

[1] 2014年，许通美大使被"谈判项目"授予"伟大谈判家奖"，该项目设在哈佛大学法学院。他在一次小组讨论中发表了上述言论，这也是"伟大谈判家"活动的一部分。

千万不要等到谈判冲突爆发的时候，才幡然醒悟去思考谈判框架的架构、直观效应、支持者问题和战略性模糊等。如果谈判双方正处于唇枪舌剑、激烈碰撞阶段，最好的解决办法是帮助他们缓一缓、脱离接触，而不是等到残局出现后，才慢慢修复双方的关系。

最近，我和一位同事讨论过下面一种情形：在某个族群内部，出现了处于战争僵持状态的几个派系，而各方都意图谋求结束战争，为此，需要从族群内部选派一人来监督各派系之间的和平谈判进程，以帮助结束冲突。我们了解到，其中一个派系的领导人非常自信地认为自己应该被选中，因为在他看来，他是该族群的法定领袖，担任这一受人敬重的显赫职位，理应非他莫属。但问题在于，并非所有交战派系都持赞同意见，而这种意见分歧也是导致彼此明争暗斗的主要原因之一。这位领导者位高权重、不容小觑，却也因争议太大而难以委以重任。

在我看来，应该选派一个各方都能信任的人，方能堪当重任。我的建议是，在与各方详细讨论监督者的工作职责范围之前，应该重新架构谈判框架，重新界定拟任监督者的角色定位，使其不再是权力或地位的象征。如果这个角色被定位为更具官僚主义，且级别低下，那么大家就不会再为此而明争暗斗了。

> 防患于未然比解决争端更容易。
> 有时，用多种方式架构谈判策略，
> 可避免在谈判伊始各方就分庭抗礼。

框架的高杠杆时刻

无论是摩洛哥案例,还是第三次联合国海洋法会议案例,都强调了在谈判中普遍但经常被忽视的一点:谈判各方除了必须经常面对的重大议题和重大决策外,往往还伴随着一些虽然看起来不太起眼、不太紧急,甚至相对简单的决定,但有时却对谈判的结果产生举足轻重的影响。就拿许通美的案例来说,鉴于整个谈判的意义重大,将一个大型的全体会议精简为一个小型的小组会议,这个决定的改变于无声无息之中,并没有引起与会人员的特别关注。而对于摩洛哥国王苏丹的案例而言,当时也并非紧要关头,需要急于与美国接触,或者迅速采取行动建立和平关系。然而,这两个案例的经验告诉我们,如果你在有必要采取行动之前能未雨绸缪的话,提早的一些小小举动都会让潜在的冲突与你擦肩而过。

这几个例子并不是说明我们要时刻关注谈判中的每一个细小的决定,而是说,在大多数谈判中,总会有一些微不足道却意义重大的选择,我们理应严肃认真地对待。我把它称为谈判中的"高杠杆时刻"。意味着无须颇费周章,只需稍加努力,就会对谈判框架产生重大影响,进而提高成功的可能性。这些高杠杆时刻往往会出现在谈判早期或者各方搭建友好关系的初期阶段,此时各方都想率先架构谈判框架以掌握主动,而且也可能会给你灌输一种理念:每一个决定都意义重大。在美国与摩洛哥建立友好关系之初,一个偶发事件强有力地印证了这一点。[1]在美方谈判代表托马斯·巴克利（Thomas Barclay）与摩洛哥人（Moroccans）进行友好条约谈判期间，摩洛哥国王苏丹提出了礼品问题，他说他应该收到一份礼物来作为信物，以保障两国之间协议的成功实施。对此，巴克利回应说，美方能够提供的唯一"礼品"，就是在平等的基础上彼此建立友好关系。如果苏丹不接受的话，他将不得不打道回府，拒绝签署任何条约。在这个小小的高杠杆时刻，摩洛哥国王苏丹做出了让步，同意在平等的基础之上建立友好关系。对于一个日后发展成为世界超级大国的伙伴国家来说，苏丹国王的这个举动可谓万分明智。

> 提早行动将对谈判产生持续叠加的重大影响。
> 寻找低成本的有利时机来强力主导谈判框架，
> 为了谈判各方良好的关系，
> 积极建立恰当的期望与开创合适的先例。

1　以下内容来自美国国务院和美国驻摩洛哥外交使团所保留的历史记录。请参见《美国与摩洛哥的友好关系——开端》，http://morocco.usembassy.gov/early.html，于2015年6月25日访问。

第一部分内容小结：框架力

- 把控谈判框架。
- 给对方留有余地，以使对方更易于从强势地位做出退让。
- 在协议表述风格和结构上的明智让步，有助于防止在实质问题上的重大妥协。
- 注重协议的直观效应：对方的支持者会如何看待协议？
- 帮助对方推销协议，赢得支持者。
- 在直观效应上，让对方能毫无顾虑地寻求帮助。
- 避免一题一议：适当增加或者组合谈判议题。
- 多个谈判议题同步推进，不要一题一议。
- 分散注意力，避免过度凸显单个议题。
- 如果有且仅有一个谈判议题，尝试一分为二。
- 揭开潜在利益的面纱：各方互为对抗的要求背后可能隐藏着可以调和的利益。
- 在实质内容上坚守，在具体结构上灵活：我知道我的目标所在，实现目标的方式可以灵活多变。
- 摆脱困境是一个值得努力的短期目标。
- 应用适当性逻辑：像我这样的人在这种情况下会怎么做？
- 运用社会认同感，以增强适当性。

- 将一个选项框定为独一无二的，犹如一把双刃剑。
- 将你的提议架构设置为默认选项。
- 谁起草协议初稿或协议流程，谁就拥有更多的筹码。
- 给各方的评估设置一个恰当的参照点。
- 通常要为你自己的提议去自圆其说，但绝不要为此道歉。
- 当谈判双方僵持不下时，战略性模糊有助于化解僵局。
- 只有当确保各方遵规履约的配套机制健全完善时，才能使用战略性模糊策略。
- 战略性模糊有助于双方克服最初建立信任关系时的彷徨。
- 战略性模糊不是解决实质性冲突的灵丹妙药。
- 战略性模糊需要双方在当前和未来冲突中做出权衡取舍。
- 如果达成协议可以获得奖赏，那么谈判人员可能会掩藏实质性冲突，推动签署一份有瑕疵的协议。
- 模棱两可的协议具有寄生性，会损害谈判桌之外的其他人的利益。
- 先声夺人：提早把控谈判框架。
- 如果目前的谈判框架于己不利，尽早重新构建谈判框架。
- 防患于未然胜过解决争端：最佳的决策制定是帮助人们避免分庭对抗。
- 在各方建立关系之初，为了良好的合作关系，应寻求低成本的时机来构建适当的谈判框架。

2 — 流程力

> 好消息是,隧道的尽头有光亮。坏消息是,根本就没有隧道。
>
> ——以色列前总统西蒙·佩雷斯 [Shimon Peres]

07
流程力

美国《宪法》谈判

为了赢得独立，美国与英国进行了长达8年之久的交战，直至1783年，双方正式签署《巴黎条约》（*Treaty of Paris*），才宣告美国独立战争结束。那时，《邦联条例》（*Articles of Confederation*）（以下简称《条例》）作为美国临时的治国理政大法，已实施了6年之久。[1]由于13个州蓄谋已久，故《条例》赋予中央政府的权力极小，而赋予每个州极高的主权独立性。《条例》甚至明确写明，各州之间的关系仅仅是"相互间的友谊联盟"。这不足为奇，因为组建邦联的各成员，是刚刚摆脱遥远君主权力控制的人们。但是不久，邦联制的问题就显露出来了。在独立战争期间，时任美国大陆军总司令（commander in chief of the Continental Army）乔治·华盛顿（George Washington）亲眼见证了《条例》所导致的战场上的屡

1　直到1781年，美国13个州才正式批准通过了《条例》。

次失败。因国会无权征税，各州又常常不愿提供必要的资金支持，导致无力支付军队工资或者偿还战争外债。战争结束后，这种情况愈演愈烈。由于国会被架空，形同虚设，国会代表常常无故缺席会议；偶尔虽达到了法定与会人数，也几乎一无所成。甚至为了支付战争债务，旨在增加税收的法案也被否决。出现这种情况并不是因为大多数州反对，而是《条例》中的一项具体规定：每个州拥有一票否决权。1786年，罗德岛州（Rhode Island）全然不顾其他12个州的同意，一意孤行行使了一票否决权，否决了一个类似这样的法案。1787年，纽约州（New York）也如法炮制，投下了决定性的一票。

太多的事实表明，《条例》存在严重不足。1787年，一场虽然短命却引起广泛关注的谢司起义（Shays' Rebellion）就是一个有力的例证。当时，马萨诸塞州（Massachusetts）的农民因对经济状况不满发动了起义，使得这个年轻国家饱受经济和政治问题的双重困扰与折磨。不久之后，各州同意派代表前往费城（Philadelphia）参加制宪会议（Constitutional Convention）。会议的目标非常公开且低调：考虑修改《条例》。如果这次会议高调宣布将彻底改革政府，并从各州手中收回权力的话，那么各州都不会派代表参会。而事情的发展也不出所料。

尽管一个人在某些历史事件中所起的作用很可能被夸大其词，但是那年夏天在费城召开的制宪会议上，詹姆斯·麦迪逊（James Madison）被认为是不可或缺的、为数不多的重要角色之一。然而，从各个方面来看，他当时的处境非常艰难。麦迪逊身高只有

1.62米，体重也才45千克，并非人高马大、身强体壮。他腼腆害羞，有时在辩论时讲话声太小，以至于得竖起耳朵才能听清，一点儿都不像一位气场十足的演讲者。当时，36岁的麦迪逊既不是战争英雄，也不是国家的杰出人物，更不是家乡弗吉尼亚（Virginia）州高级代表团的成员。而最大的问题是，在美国广大民众中，几乎没有人支持重大改革，更别说让州立法机构大幅削减自己的权力了，这简直是痴心妄想。尽管如此，在会议结束时，与会代表们却起草了一部全新的《宪法》，将大部分权力收归新的中央政府，这在很大程度上归功于麦迪逊的努力。1788年年底，有9个州（共13个州）经过法定程序批准通过了这部《宪法》。1789年年初，这部《宪法》正式生效，成为美国最高法律。这是怎么做到的呢？

拿下不可能的谈判

由于麦迪逊的卓越贡献，他被誉为"美国宪法之父"。1787年夏天，在大多数代表抵达费城之前，他就已经做好了前期各项准备工作，他在辩论中共发言200多次，这也正是他实现目标的原因所在。在会议开始前，麦迪逊就已经掌控了会议的进程。[1]

1787年5月3日，麦迪逊比制宪会议计划开始时间提前11天抵达费城。也许是他的性格使然，他是第一位出现的与会代表。这片大陆上最受欢迎的人——弗吉尼亚人乔治·华盛顿，在10天之后第二

---

[1] 更多细节请参见理查德·比曼：《普通诚实的人：美国宪法的制定》，兰登书屋出版社2009年版。

个到达。5月14日，当麦迪逊和华盛顿抵达会议大厅，准备按计划开始具有历史意义的《宪法》审议时，他们发现，除了几位宾夕法尼亚州当地的与会代表以外，其他12个州中只有他们两人来费城参加会议。虽然麦迪逊担心会议延迟可能带来某些后果，但还是决定推迟会议，而他本人也马上投入工作之中。正如他自己所设想的那样，未来的任务就是要说服其他各州与会代表投票，以彻底否决《条例》。确切地讲，现在每一个州在国家重要事务上都拥有一票否决权，难免擅权妄为，这种制度无疑存在致命性缺陷，而新的制度，将赋予联邦政府更大的权力。

麦迪逊心里明白，他所推崇的重大变革所面临的最大障碍，就是现在默认的《宪法》生效程序：《条例》将会是谈判交锋的起点。只要将修订《条例》作为被修改的模板列入谈判议程，那么每一次关于如何合理组建政府的讨论，就都会被强有力地锁定，从而阻碍谈判的推进。"我们应该如何修订《条例》？""什么是最好的政府体系？"两个流程相比较，无疑后者更容易推进，且更能带来巨大的变化。因此，需要改变谈判流程。

麦迪逊与乔治·华盛顿以及来自宾夕法尼亚州和弗吉尼亚州的志同道合的代表们通力合作，开始起草了一份可替代旧版《条例》的文件，并以此作为谈判讨论的起点。这就是后来被人们熟知的"弗吉尼亚方案"（Virginia Plan）。它由15项决议组成，尽管美其名曰是对《条例》的修订，但实际上彻底颠覆了各州之间已有的契约。决议包括：国会中各州代表占比按比例分配，权力归属美国公民而非各州立法机构；行政部门享有否决权；提出了三权分立的纲要；国家立法机关有权否决不符合国家利益的州法律。最为高明的是，麦迪逊料到州立法机构可能会阻挠这些改革，于是提出了修订使新《宪法》生效的批准程序，规定：新《宪法》的生效不由各州立法机构批准，而由各州人民推选出的代表会议来批准。[1]

一个月前，即1787年4月，麦迪逊花了大量时间对不同政府的体制历史进行了广泛而深入的研究，甚至追溯到了古希腊时期，并撰写了一篇题为《合众国政治制度的弊端》（*Vices of the Political System of the United States*）的文章，对现有政治体制进行了全面系统的批判，并有针对性地提出了解决问题的办法。同年5月，他把这篇文章分享给了弗吉尼亚州和费城的代表们，这不仅成为"弗吉尼亚方案"的支柱，也为制宪会议的改革奠定了基础。如果没有麦迪逊在踏上费城之前所做的详尽准备，即使大量天才在1787年5月齐聚费城，他们也无法起草出这样一份文件。

5月25日，制宪会议终于召开。仅仅4天后，弗吉尼亚州州长埃德蒙·伦道夫（Edmund Randolph）就提出了"弗吉尼亚方案"。与会代表的反应各不相同，有的强烈支持，有的表示震惊，有的感到愤怒……但木已成舟，现在有了一个全新的会议讨论流程，接下来所有的辩论都将围绕"弗吉尼亚方案"展开，争论的焦点不再是修订《条例》内容的合法性，而是支持还是反对"弗吉尼亚方案"。在接下来的几个月里，随着每日流程的推进，各方都做出了诸多妥协，《条例》完全被抛诸脑后。

---

1 更多细节请参见理查德·比曼：《普通诚实的人：美国宪法的制定》，兰登书屋出版社2009年版。

掌控谈判流程策略

真正能体现麦迪逊智慧的不仅仅在于他前期的准备工作，还在于他所关注的工作重点。虽然大多数人都知道如何为最终开始的实质性讨论而备战，但麦迪逊更懂得通过流程安排来增强把控力，因为这将直接决定实质性讨论是否要进行、何时进行以及如何进行。最典型的例证是，在制宪会议开始前，麦迪逊就尽力重新设定讨论的起点，并建立了联盟。如果他没有成功地干预谈判流程，那么谈判的走向很可能会截然不同。另一项对麦迪逊极为有利的关键流程要素是"缄口令规则"（gag rule），为使会议免受外界干预，与会代表不得对外公开辩论内容。在谈判过程中，如果谈判相关信息被提早泄露出去，那么代表们就很难将这次极富争议的制宪会议持续推进了。总而言之，如果不仔细考虑和妥善把控以上这些流程要素，那么此次制宪会议辩论的起点和结局，都可能会大相径庭。

谈判的实质在于，谈判各方均能通过努力得偿所愿。谈判的流程，是指谈判各方如何一步步走出当下各自所处的境地，到达他们预期的目的地。在本书第一部分，我重点讨论了只关注谈判实质内容而忽视谈判框架的风险。在本部分，关于谈判流程，我还秉持着相同的观点：如果对谈判流程不加以足够的重视，即使你使用了最精妙绝伦的谈判策略，谈判的实质结果也会受挫。以下所罗列出来的流程要素，是一些需要你在谈判中思考和把控的。

- 谈判将要持续多长时间？
- 谁将参与谈判？以何种身份参与？
- 议事日程的内容是什么？如何安排讨论议题顺序？
- 谁来起草初始协议？
- 公开谈判还是私下磋商？
- 何时、以何种方式向外界报道谈判进程？
- 如果谈判涉及多方或多项议题，设定一个还是多个谈判流程？
- 谈判各方需要齐聚一堂进行谈判吗？
- 是面对面谈判，还是通过技术手段进行谈判？
- 计划安排多少次会面？
- 如何处理谈判中的重大僵局或其他相关问题？
- 是否设外部观察员或调解员？
- 如果谈判设有最后期限，是否具有约束力？
- 哪些重要节点有助于增强前行动力，并使谈判流程按计划推进？
- 如果谈判未果，各方应何时以何种方式重启谈判？
- 谁应该批准谈判协议正式生效，多高的协议支持率才足以通过？

在大多数谈判中，上述所罗列的部分或绝大部分流程要素都是预先设定好的，甚至基于谈判惯例或谈判对手的操控，还有预先设置好的默认流程。但正如我们所看到的，没有必要盲目认可默认流程，有时重新设置的流程，反而可以使谈判问题迎刃而解。当然，只有当谈判者事先评估了所有重要的流程要素，并且对于备选流程是促进还是阻碍谈判进程进行了充分评估，刚才所提及的情况才会发生。

> 掌控谈判流程策略：你将如何走出目前所处的境地，到达你预先设定的目的地？试着考虑一下这些因素吧！因为它们决定着实质性谈判是否进行、何时进行以及如何进行。

重视谈判实施流程

在美国《宪法》这个案例中，流程的关键作用可见一斑，即使在制宪会议结束后，新的《宪法》能成功获得各州的批准通过，主要归功于所实施的流程规定。回想一下，许多州政府原本不赞同新《宪法》带来的诸多改变。此外，许多新《宪法》的诋毁者争辩说，国家政府拥有的权力过高，而个人权利没有得到充分保障［此问题在后来的《权利法案》（the Bill of Rights）中得到了补救］，制宪会议的代表们已经超越权限了。

对于许多未参与新《宪法》谈判讨论的人来讲，改革方案无疑会让他们感到震惊。你将如何获得他们的足够支持呢？幸运的是，对于麦迪逊及其《宪法》的支持者［被称为联邦党派（the Federalists）］来说，新《宪法》生效的批准流程，就是专门为抵制来自反联邦党派人士（the Anti-Federalists）的反对而量身定做的。第一，也是至关重要的一点，根据《宪法》第7条，13个州中只要有

9个州同意批准本《宪法》，即足以使本《宪法》在批准本《宪法》的各州生效。之前的状况是，对《条例》的任何修订都需要13个州一致同意，如今，《条例》则已被新《宪法》所取代。第二，新《宪法》的批准是由专门成立的州审核大会执行，而不是现任的州立法机构。第三，授权代表们只能做出一个选择，即对新《宪法》投赞成票或反对票，而不能提出修正案，也不能要求通过谈判来修订。第四，联邦党派有预谋地迅速采取行动，安排支持《宪法》的5个州提前投赞成票，以让原本持观望态度的其他州的代表们，能更心安理得地投上赞成票。当然，值得一提的是，为赢得一些州的支持，作为权宜之计，联邦党派也做出了实质性的让步，并最终达成一项共识，即根据新《宪法》《权利法案》（*Bill of Rights*）将从第一届国会开始生效并实施。很难想象，如果没有实施合理的流程要素，联邦党派怎么可能取得成功？如果新《宪法》的批准需要13个州一致同意，而当时罗德岛州甚至都没有派代表参加制宪会议，何谈批准？所有的努力注定从一开始都将前功尽弃。如果允许各州对不同版本的《宪法》进行投票，或者为了获得让步而重新开启辩论，那么不可避免地会出现僵局。同样，如果反联邦党派有充足的时间去有组织地对《宪法》发起挑战，那么事情的结局也可能会大相径庭。

> 仅有协议达成的流程策略是不够的，你还必须策划流程的实施。成功实施流程需要什么？你将如何获得足够的支持以达成协议？你又将如何确保你的协议获得批准？

未雨绸缪

自始至终，麦迪逊心如明镜，他深知，只有未雨绸缪、谋定而动，才能在谈判室里胸有成竹、稳操胜券。也正是他的这种品质，在制宪会议之前，他便开始进行相关学术研究，并主动联系弗吉尼亚州的代表，请他们提前到达会议地点，以便起草"制宪会议的相关文件"。在制宪会议期间，他的这种品质同样彰显。来自弗吉尼亚州（Virginia）的代表威廉·皮尔斯（William Pierce），凭借用钢笔为与会代表画人物素描而为大家所熟知，他称麦迪逊为"'万事通'，对每一个谈判细节都了如指掌，而且总能挺身而出"。

在许多复杂的磋商谈判场合，如董事会、电话推销、诉讼、员工晋升讨论会等上述情形中，有人毫无准备，有人勉强做了一点儿，还有的人则万事俱备以应对可能发生的任何情况。显而易见，有备而来者，更能棋高一着。但是在事关重大的情况下，你也许并不想成为这些人中的任何一个，你更想真正成为麦迪逊那样的人：对所有事实了如指掌，能够预见谈判各方的观点和底线，深知自己所持观点的优势与不足。通常情况下，这类人是最难以被忽视和摆布的，也是最受他人敬重的，因为他能轻易有效影响甚至重新驾驭谈判的流程和实质性内容。

> 成为谈判室里万事俱备之人。知悉事实，预见观点，认清自己的不足。

在接下来的篇章里，我们将深入探讨谈判流程的重要性，并找到你在处理谈判和冲突时，需要铭记在心的重要的谈判规则。恰如我们在本章论述中所掌握的，把握谈判的实质内容固然至关重要，但在谈判流程上出错也会是致命一击。此外，正如我们即将在下一章中所阐明的那样，仅仅考虑合理的流程要素是远远不够的：应将谈判流程置于优先考虑的重要位置。有时，提早关注谈判流程有助于彻底避免僵局和激烈冲突的发生。

08
运用流程力

违信背约，价值千万

1983年，太阳微系统公司（Sun Microsystem）还处于起步阶段，当时公司的两位联合创始人维诺德·科斯拉（Vinod Khosla）和斯科特·麦克尼利（Scott McNealy）正着手筹集1000万美元资金。[1]面对多种选择，两位创始人经过深思熟虑后，决定从一家战略投资公司那里寻求融资。该投资公司是一家在《财富》杂志排名前100位的公司，对该公司来说，投资太阳公司正在开发的技术后，其回报将是可观的，而且投资规模并不算大。[2]科斯拉和麦克尼利与这家《财富》百强公司的CEO坐下来进行了会谈，之后达成一项协议：该投资公司投资1000万美元给太阳微系统公司，融资后的企业估值为1亿美元。[3]双方握手言欢，并约定下一周在芝加哥会

---

[1] 维诺德·科斯拉，与作者本人的私下沟通交流，2014年10月。
[2] "金融投资者"是将投资的希望完全寄托于在未来获得良好收益回报上；"战略投资者"通常既对投资的结果感兴趣，也看重与目标公司的合作关系所带来的额外利益。
[3] 这类投资的两个关键参数是：（1）投资金额；（2）共同商定的公司估值。两者结合起来，就决定了应转让给投资者的所有权的百分比。在太阳微系统公司的案例中，投资者将获得10%的股权，因为投资者向太阳微系统公司准备投资1000万美元，而该公司投资后的估值为1亿美元。

面,以最终敲定投资合同条款。

第二周,科斯拉和麦克尼利从旧金山飞往芝加哥,他们预计这将是一次简短的会面,因为只需敲定协议剩余条款即可,而且其中大部分都是格式条款。令他们意想不到的是,出现在会议上的投资公司人员不仅有公司的CEO,还有一群包括银行家和律师在内的十几个人。很快他们就摸清了情况,对这些投资者而言,投资太阳微系统公司的规模和估值全都有待商榷,今天将与这些银行家和律师们重新进行谈判,仿佛一周前与投资公司CEO的会谈从未发生过一样。

科斯拉和麦克尼利只好揣摩究竟发生了什么事。难道CEO根本未将与他们达成的"协议"视为最终协议?难道这些银行家和律师们想通过达成更好的协议以证明自身的价值?难道是谈判桌上有人认为,太阳微系统公司为了获得这笔投资将极尽所能甚至孤注一掷,以至于不会拒绝最后一刻的有关要求?

然而,事实是,如果事态发展到了迫不得已的地步,科斯拉和麦克尼利是愿意做出让步并接受较少的投资的。但是,如果接受双方重新谈判的要求,那无论是从经济利益上,还是从行事原则上来说,其代价都是高昂的。那么科斯拉和麦克尼利又该怎么办?

无须借助金钱或权势

科斯拉回想当时他的应对策略:"我根本就不想问他们心中理想的投资金额是多少,也不想再循着这条路继续走下去。我只想立刻表明我对谈判流程的立场。"科斯拉告诉对方谈判小组,在他看来,某些条款既然已经达成一致,就不想就此而重新谈判。科斯拉预料对方可能没想到会收到如此回应,于是主动提出给他们时间重新组队并商议此事。他给对方发出的信息大致如下:"我们之前在一些事情上已经达成一致,让我们就接着谈别的事吧。如果这不是你们想要的,那么我们有必要从根本上讨论一下双方的合作关系问题。我们之间究竟是目标一致,还是另有所图?你们为什么不在内部达成一致意见后再告诉我们同意还是不同意之前双方已达成的协议?"

随后,两位联合创始人便离开了谈判室,以方便投资者对这些问题进行仔细商讨。几分钟之后,待他们返回到谈判室时,发现结果并没有发生任何改变。对方仍坚持认为,关于具体的投资金额,双方仍有必要进一步展开谈判。

由于对方的回应态度愈加强硬,科斯拉和麦克尼利对此也是无可奈何。个中原因也许是投资公司一方认为,上周的协议过于慷慨大方了,但真正的问题也许是当着CEO和太阳微系统公司团队的面,对方谈判团队缺乏有效的组织,抑或还没有做好马上做出妥协的准备。至此,留给科斯拉和麦克尼利只有两个选择:一是接受对方减少投资金额,达成协议;二是告诉对方CEO,他们很乐意基于上周已经达成的条款继续讨论,否则的话,将不得不即刻打道回府。科斯拉和麦克尼利决定选择第二个。

双方没有达成任何协议。大约一个小时后,科斯拉和麦克尼利踏上了返回旧金山之路。他们下定决心,在回到旧金山之后,也绝

2 流程力 85

不给对方CEO打电话。如果双方都能换位思考，很好地理解彼此的利益关切，那么投资金额问题就不应该成为协议达成的最大障碍。科斯拉回忆说："估值对我们来说非常重要。我们只想以最优的价格获得投资，以减少对股权的稀释。他们的利益主要是战略性的，而且投资金额对他们来说并不算大。失去这笔交易是我们的损失，但绝不会置我们于死地；而且据我们所知，他们的确是需要我们的。"

这种冷处理奏效了。几天后，对方CEO打电话给科斯拉，同意回到最初已达成一致的条款基础上继续谈判。这一次，双方谈判至最终签署协议时，再没有意外发生。[1]

在谈判实质内容之前，先敲定流程

是什么导致了这场冲突？在各种谈判中，无论是涉及普通的交涉还是复杂的交易乃至旷日持久的冲突，我经常目睹到这样一种倾向，大家都急于在实质内容上达成一致，却忽视了在谈判流程上形成共识。从根本上讲，这两者都缺一不可，但当涉及重要谈判时，在很大程度上来说，对谈判流程的考虑设定应当优先于实质性协议的磋商。也就是说，先确定谈判流程，然后再启动实质内容谈判。

想想以下场景：你与对方已经谈判了几周，倾尽全力坚持到现在，眼看就要达成协议了，这时，对方提出了你一直拒绝的一项苛

---

1 这笔交易对所有参与方来说都非常成功。在又经过了27年的业务发展增长后，2010年，甲骨文公司最终成功收购了太阳微系统公司，其收购价格超过70亿美元。

刻要求,你决定做出最后的妥协,以能促使协议达成。然而,对方却回应说:"谢谢,这太有帮助了,我非常欣赏你方的灵活性。现在,我还需要向我的老板汇报一下,看看她是怎么想的。"然后你就坐在那里,目瞪口呆,心想:"什么?你们不能现场拍板,上面还有老板?我以为谈判早就该结束,我已经无路可退了。"在这类典型案例中,当事方所犯的错误太过普遍。即在深入进行实质内容谈判之前,未能敲定谈判流程。

谈判流程包括评估默认的或提议的流程,并在必要或可能的情况下对其进行重新架构。它还包括提出问题,分享假设与期望,在你从谈判起点到通往终点的道路上,尽可能与对方达成共识。我们如何从谈判起点顺利到达终点?影响谈判轨迹和速度的因素有哪些?如果未能有效地协商好谈判流程,后期可能会在实质内容谈判中犯错,包括不合时宜的让步、考虑不周的提议或要求、在谈判中不同节点的协调不到位,以及对谈判困难预见不足:如谈判最后限期、政治壁垒、官僚主义障碍、搅局者破坏等。[1]

在谈判实质内容之前先协商流程。
在深入探讨实质内容或做出让步之前,先了解并影响谈判流程。

---

[1] 协议破坏者指的是,在谈判中主要或唯一关注的就是不达成协议的那些地方。

在谈判流程上与对方同向同行

即使你们已经商定好了谈判流程，也并不意味着万事大吉。即使谈判伊始，各方就对流程达成了明确一致的意见，但有时对流程具体所处某个阶段的看法也会产生分歧。比如，一方可能会觉得快要达成协议了，应该放弃其他选择；而另一方则认为不断周旋是合法的，可以货比三家。在太阳微系统公司的案例中，与其说谈判冲突可能源自投资金额，倒不如说是谈判双方在流程中缺乏有效协调，太阳微系统公司无须做出进一步的让步来锁定投资。投资公司CEO做出180度大转变，其背后的真正原因是什么？科斯拉至今对此仍困惑不已。但是，无论是对在谈判最后一刻的试图妥协，还是对一周前沟通是否达成一致意见的不同看法，个中教训十分明了：根据谈判流程所处阶段，适时调整你的预期，这一点是至关重要的。

> 流程上的偏差可能导致谈判的失败。
> 对已达成的谈判内容和未来的谈判路径，
> 要提早且时时确保衔接一致。

寻求公开明了与承诺保证

迄今为止，虽然我们认为你有能力根据自己的喜好来创建谈判流程，但结果常常事与愿违。根据我的经验，即使你没有能力构建流程，实际上也可以通过寻求对流程的公开透明和承诺保证来收获很多东西；即使谈判者没有办法改变流程，对流程的更高明了度（对流程的理解）和信守承诺（遵循流程的保证），也有助于避免在谈判战略和战术上的错误，从而获得更好的谈判结果。

所有类型的谈判均遵循以上道理。比如，银行家们正在出售一家公司的某项固定资产，他们对自己所设计的谈判或拍卖流程，都拥有很多的选择和把控权，包括竞标的轮数、竞标者被淘汰的标准、披露的信息及时间等。而假如我正是坐在谈判桌上另一端的人，即使影响流程策略的能力非常有限，但如果我不竭尽所能地了解清楚流程，并尽可能承诺它不会对我造成损害，也是大错特错的。同样，对于客户单位如何做出购买或合作的决定，如果销售人员和战略顾问没有对此进行充分的调查研究，虽然他们没有机会影响流程，但还是将自己置于极其不利的境地。令人遗憾的是，即使在简单易行的情况下，人们往往也会放弃收集既可行又有用的信息的可能性。例如，某求职者没有详细了解雇主需要多长时间来做出聘用决定，或者某户主没有深入了解重新装修房屋所需要的时间，以及致使工程延期的可能影响因素，等等。

> 即使你不能影响流程，
> 也要在流程上寻求更多的公开明了和承诺保证。

规范流程

　　如果你未能就谈判路径进行协商或对此模糊不清，那么你可能会在谈判过程中受到蒙蔽而遭受打击。但仅仅是你明了谈判流程是不足够的，对方也得一清二楚。如果对方不明了，你同样将会是承受其后果的那个人。为什么会这样呢？如果你曾亲眼看见或参与过调解，你会看到争执双方在调解过程中剑拔弩张，调解员通常会在初次调解时说一段重要的话，而对此你也许早已耳熟能详。一名优秀的调解员往往会在调解流程初期以不同的方式做出以下告诫：

　　今天，你们无疑是相看两厌。但在接下来的几周里，我们得一起面对问题，携手攻坚克难。根据我的经验，我可以直言不讳地告诉你们，在大约前三天的调解过程中，你们会前所未有地讨厌对方。到那时，希望你们能记住这句话：这再正常不过了。

　　为什么调解员会对发生争执的配偶、邻居、生意伙伴或其他彼此为敌的人讲这些呢？想想看，如果调解员不发出这样的告诫，又会发生什么？在调解进行了几天之后，随着紧张气氛日益加剧，争执各方开始激烈角逐，但往往避重就轻，以逃避种种极端情绪。他们推断事情只会变得更糟，而不是更好，并且认为"这些流程根本就没有用处"，甚至会选择彻底退出调解流程。然而，如果调解员提前告知他们极端情绪的出现是稀松平常之事，而且如果要想在双方关系降至新低时，成功化解彼此的矛盾，那么他们就更应紧跟调解流程的步调。

调解员的策略对于各类谈判中的当事人都很重要。对于谈判者来说，尤其是当接下来的谈判之路可能充满艰辛或遇到意外事件时，至关重要的一点就是要为各方制定一个规范的谈判流程，让谈判者能预测未来几天、几周甚至几年之后将会发生的好抑或不好的事情。如果你无法以这种方式管理好谈判预期，当第一次出现问题时，那么当事人就会质疑你的能力和意图，或者对谈判流程的可行性产生怀疑。我亲眼看见此类问题出现在各类谈判当中，如销售环节中的管理不善，联合创始人之间早期沟通不畅，跨文化商务谈判、政府和武装叛乱分子之间的谈判，等等。在上述每个案例中，即使没有对谈判预期管理不善所带来的负面影响，谈判本身也会困难重重。哪些因素可能会导致推迟或干扰谈判进程？哪些困难虽是不可避免但可以解决？为什么有时谈判会偏离原计划？如果你能把诸如此类的问题弄清楚，并据此来规范谈判流程，那么你将从容地把控对方对上述情况的反应。

规范流程至关重要，这不仅体现在你的谈判流程表中，也体现在你的利益相关者身上。假如你正冒着预期风险去试图达成一桩投资协议，比如，将资源投在未来可能获得回报的项目上，或为了今后的全面胜利而准备牺牲眼前的利益，有一点尤为重要，就是要告知你的利益相关者：投资者、董事会成员、员工、选民、盟友、媒体、公众、粉丝等，不仅要向他们告知你在做什么、为什么要这么做，还要告知他们你拟规划实施的谈判路径、谈判过程的感受、每天的谈判进程，以及你的下一步计划，等等。即使是最明智的谈判策略，也可能会受到批评者的诋毁，但谈判者往往因为没有让利益相关者了解所要经历的整个谈判流程，反而最终导致自己处境艰难。

> 规范流程。如果谈判各方知道预期会怎么样，那么他们就不太可能对怀疑、延误和中断谈判的重要性做出过度反应抑或过分看重。

支持对方为你规范流程

你为谈判各方规范流程，与让他们为你规范流程同等重要。如果谈判各方对可预测的问题不进行充分讨论，势必对各方都不利。在你与对方这样的人、组织、文化或国家等谈判时，如果他们让你知晓各种常见的妨碍谈判的情形，以让各方有所准备，那么即使果真发生了不利事件，你也不会对他们进行苛责。而且，当面对所预见的潜在问题时，你也就能拿出有效的解决方案，降低其危害以及类似事件发生的可能性。

让谈判对手讨论这些问题，并不总是那么轻而易举。在协议正式签署之前，人们常常不愿坦诚面对潜在问题，原因在于每个人都处于"销售者"模式。销售人员、求职者、雇主、公司交易达成者、外交官，以及任何希望对方"同意"合作的人等，他们的动机就是让事情进展顺利，特别是当他们的交易竞争对手不那么坦诚直率时，他们就更不想浪费时间分析事情进展不顺的原因，以免破坏任何赢得交易的机会。这就更加说明为什么你有责任针对交易过程中出现的问题，去鼓励谈判各方进行坦诚对话。以我的经验来看，知晓每一场旷日持久的谈判，以及每一段天长地久的关系都有破裂的可能，明白彼此讨论风险因素，非但不会降低反而会增加达成协议的可能性，你就越是能自信地向对方保证你有足够的经验，你也就越有可能开展卓有成效的对话，并让彼此在未来从中受益。

> 支持对方为你规范流程，
> 并让对方无所顾虑地这样做。

即使对方拒绝公开透明或信守承诺，也能提供有效信息

当然，你要求对方公开谈判流程或讨论可能出现的潜在问题，却无法保证对方会做出相应的回应，但即使对方拒绝回答某些问题，你还是可以得到一些有效信息的。关于谈判流程，如果交易或争议的另一方不愿回答有关流程的合理提问，那么，需要你仔细琢磨的问题就反映出来了。例如，对方是否居心不良？对方是否毫无准备？抑或对方是否在保留选择权？等等。至少，这提醒你在具体交易时要更加谨慎。

> 即使对方不愿意提供相关信息，要求对方公开谈判流程并信守承诺也是有价值的。与其错误地主观臆断谈判流程会如你所愿地推进，还不如提早知悉对方缺乏承诺而做出相应调整。

将对方食言的可能性降至最低

　　另一个风险是，你的谈判伙伴公开了谈判流程，并做出了慎重承诺，可能仍会食言。据我了解，很多经验丰富的谈判高手在某些谈判节点上都遭遇过此种情况。然而，我也发现，如果人们非常看重自身的良好信誉，即使针对非常棘手的纷争，他们通常也会信守承诺。但是，他们是否能履行之前做出的承诺，还取决于他们当时做出承诺时的情形：是否亲力亲为？是否清晰明确？是否和盘托出？是否公开透明？通常情况下，承诺被出尔反尔的主要原因是：（1）由他人而非食言者本人做出的承诺；（2）通过暗示而非明确声明做出的承诺；（3）表述含糊其词的承诺；（4）关起门来私下做出的承诺。无论出于何种原因，只要有可能，获得避免出现以上瑕疵特征的承诺对谈判是非常有用的。当人的行为动机发生改变，即便是相对善意的一方，也可能会因利益诱惑而言而无信，他们可以自圆其说自己不是做出承诺之人，也可辩称由于意向声明表述欠清晰明了，致使他们改变初衷。

> 如果承诺是亲力亲为的、清晰明确的、和盘托出的、公开透明的，那么背弃承诺的风险才会降低。

对方食言，我们该如何应对

尽管你付出了努力，但对方仍未能信守承诺，你该何去何从？意识到对方违背谈判流程，你该如何处之？科斯拉和麦克尼利本来以为谈判会一切进展顺利，但在谈判流程被打破时，终止谈判真的是明智之举吗？或者，更确切地说，何时反击是妥当的？你应该怎么做？

有时，我们最明智的做法不是轻言放弃，而是姑且相信对方，让对方尝到怀疑的甜头，尝试调查或调和彼此相左的观点。例如，你或许会发现，对方违背承诺并非有意而为之，原因是他们正遭受来自多方的压力或重重的限制，站在他们的角度来看，违背初衷是必然之举。当然，有时你也会了解到，对方背信弃义完全是有意而为之，或者甚至是蓄谋已久。但你还是想让各方继续留在谈判桌上，如果因为流程不当而终止谈判或加剧对抗，无疑代价太高。

我们需要再仔细研究一下太阳微系统公司所采取的做法，以确定其中一些关键考虑因素，以供我们学习借鉴，尤其是当我们认识到对方已明显违反流程时，我们究竟是该接受还是质疑对方呢？太阳微系统公司为什么能赢得成功呢？让我们细细分析：第一，从太阳微系统公司的角度来看，毋庸置疑的是，一周之前双方已经达成一致意见，目前对方的行为是极为不妥的；第二，太阳微系统公司的谈判代表对于他们摆上谈判桌面的筹码感到非常满意，认为没有必要再给予对方更多实质性的让步以拉拢对方；第三，太阳微系统公司给终止谈判亮明了一个原则性的理由，不是因为投资金额的多少，而是在于彼此的承诺与尊重；第四，太阳微系统公司的谈判代表并不是简单的一走了之，而是明确提出了恢复重新谈判的条件。我曾建议太阳微系统公司的谈判代表做一件事，主动给对方致电提出重启谈判，以尽量保全对方的面子，但他们没有这样做。我的意见是：最好不要强迫对方在接受你的要求和保全面子之间进行选择；在此情况下，即使一个小小的举动也会产生大作用，比如，主动留下电话以便后续跟进，或在谈判态度或形式上主动做出些许让步，给对方一个改变立场的理由。

在因流程冲突而退出谈判之前，需要考虑以下五个非常重要的方面：

- 我们是否确定这是破坏流程？对方是否有理由以不同的方式处理事情？
- 我们是否把足够的筹码摆上了谈判桌，而且对方是否明白这一点？
- 我们是否能基于可接受的原则，为我们的行为自圆其说？
- 我们是否明晰修复谈判流程所需要的条件？
- 我们是否保全了对方的面子，以使对方重回谈判桌？

对于这些问题,你的肯定回答越多,你就越容易成功地应对被破坏的流程。

> 在因违反流程而退出谈判之前,请考虑:
> (1)对方是否认为这是违反流程;
> (2)双方各损失了多少;
> (3)你将如何为你的退出而自圆其说;
> (4)对方是否知道如何修复流程;
> (5)如何在保全对方面子的同时修复流程。

在流程上达成完全一致,有时既不可能也不可行

这并不意味着谈判的前进之路总是会按照规划运行,且一帆风顺。有时,由于在谈判之初缺乏预见性,前途未卜,只有当进入实质性谈判时,道路才逐渐明晰。有时,一方之所以不想或不愿严格遵守谈判流程,是因为认为这样会限制谈判的灵活性。当然,尊重各方的这种想法固然重要,但还是要确保制定一个明确而严格的谈判流程,这样断然不会延误实质性谈判进程。换言之,无论如何,谈判流程不应该被漠然置之,要依靠它竭力确保各方都朝着一个目标方向以同样的速度比肩而行。回顾太阳微系统公司谈判初期的经验教训,科斯拉回忆道:

我现在的行为处事方式与之前有所不同，其中一点就是我现在会更加关注双方在谈判进程中的想法。如果我认为我们达成了一致，但对方却不这么认为，那么我们肯定会陷入麻烦，就像在芝加哥那次谈判一样，但是这并不意味着我总想把所有事情都搞得清清楚楚。比如，有时在谈判初期，当你同时在寻求别的选项时，最佳的策略可能是保持含蓄，或者顺其自然，或者干脆不要达成相互一致的意见。但是无论如何，你都要思考各方在谈判进程中所处的方位。[1]

> 对于严格流程的承诺并非总是可行或可取的。如果流程是灵活的，请确保谈判各方都知晓各自做出的承诺。

知晓了谈判流程的重要性之后，值得探讨的是错误流程有时还能占据上风的原因。第一，今天所使用的流程可能不是我们选择的结果，而是当下冲突发生之前错误决策的结果。第二，有时候，即使我们善意地尝试创建正确的流程，往往也许会事与愿违。下一章，我们将探讨如何预测这些潜在问题，以及哪些原则可以指导我们解决这些问题。

1　维诺德·科斯拉，与作者本人的私下沟通交流，2014年10月。

09
维护前行动力

NHL内部的罢赛和停摆

若问美国国家冰球联盟（NHL）关于劳资双方《集体谈判协议》（CBA）的谈判与开胸手术有何区别？其答案是：前者是漫长的、痛苦的、昂贵的，且无法保证能解决所有问题；而后者是一种成熟且完善的医疗手术。

截至本文撰稿时，NHL的资方和球员方成功达成《集体谈判协议》，且已生效长达20多年之久了，其间没有发生因罢工或停摆（罢工是球员方发起的停工，停摆是资方发起的停工）而造成严重的经济损失。但在2012—2013赛季之初，资方将球员们拒之门外，禁止其参加任何比赛，直至球员们签署劳资协议。大约4个月之后，资方与球员方终于签署了劳资协议，但本赛季几乎一半的比赛都已经泡汤了。类似事件也曾在1994—1995赛季发生，因长时间停摆，造成了同等程度的重大损失。职业体育界最差谈判奖，应颁发给灾难性的2004—2005赛季NHL的劳资协议谈判，且非他莫属；该谈判导致停摆时间长达10个月之久，因劳资协议未果，导致该赛季的1230场比赛全部落空，20亿美元的赛季收入全都鸡飞蛋打。每一次停摆后，媒体总会预测谁会输谁会赢。其实，输赢的格局似乎早已显露：在合同签订之日，资方总是貌似赢家，事实上，在接下来的几年中，随着错综复杂的合同条款逐渐生效实施，我们却常常发现球员方才是真正的赢家。

但情况并非总是如此。1992年的争端就是一个截然不同的故事。那一年的罢赛从4月1日到4月11日，仅持续了短短的10天。当尘埃落定之时，毫无争议：球员们几乎完全心想事成。这是NHL乃至整个体育界历史上，历时最短、最有效的一次罢赛。此次罢赛与众不同的原因是什么？为什么这场纠纷会如此短暂？为什么球员方会赢得如此轻松？

无须借助金钱或权势

1992年，球员们在谈判前的组织上并不充分，在具体要求上并非咄咄逼人，在谈判桌上也没有表现出独特的谈判技能。事实上，此次谈判结果并非取决于双方如何谈，而是取决于何时谈。球员方使用的策略堪称精明，或者说是处心积虑，就看你怎么理解。他们没有选择在10月赛季之初就罢赛，而是选择在对资方损失最大的时候。在劳资双方并没有签署《集体谈判协议》的情况下，该赛季的比赛就拉开了序幕，双方一边谈判，一边比赛，互不耽误。但常规赛刚一结束，在4月即将开始的季后赛之前，球员们就纷纷离场，开始了罢赛。此时此刻，球员们掌控着谈判的关键筹码。简而言之，此时罢赛，不影响球员们能拿到整个赛季的薪水，而资方在季后赛期间能赚取的收益却少得可怜。季后赛被"挟持"，双方因没有达成协议而付出的代价完全不对等，现在资方的损失更大。那么结果会如何呢？当然是球员们的要求全都得到满足，得偿所愿。

在遭遇1992年那场"灾难"之后，NHL资方无法容忍自己再次陷入如此被动不堪的境地。痛定思痛后，在每次展开劳资双方协议谈判时，资方都会先发制人，在赛季伊始就抢先停摆。[1]虽然这样做会造成巨大损失，但主要是为了在笃定双方都有损失的情况下，资方不是唯一因妥协让步而遭受损失的一方。球员们选择在季后赛开始前罢赛，这在1992年似乎是一个妙不可言的策略，但仅能使用一次。1992年的罢赛是NHL成立75年以来第一次停赛，[2]开创了一个资方损失巨大的先例，而自此之后再未重蹈覆辙。

维护前行动力

对于旷日持久的矛盾冲突，为了调停纷争关系，常常需要反复的博弈较量才能找到解决之道，各方需要在未来多次进行接触谈判，因此必须共同维护彼此前行的动力。维护前行动力，是一个立足长远、深思熟虑、循序渐进的过程，有助于各方积极创造有利条

---

1 在1993—1994赛季，劳资双方在"不罢赛，不停摆"的承诺下，试图谈判新的《集体谈判协议》。当协议没有达成时，在下个赛季即将开始之际，资方将球员拒之门外。从那时起，在每次开启《集体谈判协议》谈判之时，资方总会启动停摆。
2 在早些年里，球员们并没有工会。1917年，成立了美国国家冰球联盟。1967年，才成立了球员协会。

件，清除谈判障碍，从而最终争取成功的结果。不幸的是，正如大家在NHL案例中所看到的那样，当下短期诱惑比比皆是，时常会造成牺牲大家前行动力的风险。如果今天你急于获得"胜利"，那么明天你将难以获得些微进展。

从本质上讲，竭力为己方争取最佳的谈判协议，是无可厚非的。但是，当这种目标追求导致谈判者打破由来已久的行为准则，破坏隐含条款或明示条款时，或是在坚持合作与理性立场成为人心所向的背景下，仍企图让"不惜一切代价"策略大行其道时，问题就自然而然浮出水面了。谈判者若如此操弄，其努力非但不会使谈判进展更加顺利，反而会激发对方的报复欲，已有的合作谈判规则将被取而代之。

这种情况不仅发生在体育界和政治界，在商业界也屡见不鲜。类似的例子举不胜举。比如，谈判者本来已达成了一项协议，但当有了更好的报价时，他们就开始反悔，然后开始提出更多要求。又如，某创始人与某风险投资家达成协议并握手以示祝贺，但当谈判桌上有人向创始人抛出更高价格的时候，这位创始人就对风险投资家背信弃义了。多年以来，这位风险投资家一直怀恨在心，并在与之关系相对密切的行业中，大张旗鼓地将这件事散布开来，以败坏这位创始人的名声。这使我想到了一些交易者，在确立交易关系之初，他们就不择手段地利用对方的弱点，由此破坏了原本由来已久的公平竞争规则。

在外交事务中，类似的事情也比比皆是。例如，在20世纪80年代，解决武装冲突问题成为哥伦比亚的主要障碍。当时，哥伦比亚革命武装力量（Revolutionary Armed Forces of Colombia，FARC）认为，逐步停止其残酷的武装叛乱活动，进而加入政治进程中来是完全有可能的。然而，当哥伦比亚革命武装力量所属政党［爱国联盟（Patriotic Union）］出现预示选举成功的早期迹象后，准军事团体和政府所属安全部队便杀害了其数百名成员、候选人和选举官员。自那之后，政府与哥伦比亚革命武装力量的历次谈判，政府都首先要求哥伦比亚革命武装力量裁减军备，才同意他们参政，而后者总会断然拒绝，这无疑加剧了把裁军问题列入谈判流程的困难。

一般而言，在这类冲突中，包括暴力镇压相对温和的反对派团体（政府所为）、机会主义恐怖袭击（叛乱分子所为），以及侵犯人权和违反停火协议者（政府和叛乱分子都会有所为），冲突双方都会目光短浅，都企图在谈判桌上占据上风。然而，这种短视往往对于何时以及能否有效地重启双方谈判，进而在实现和平的道路上取得进展，带来长久而深远的影响。毋庸讳言的是，反对外交解决方法的搅局者或极端派系，会经常如此行事。而那些希望通过谈判实现和平的人，也常常为了赢得暂时的胜利和优势，而牺牲持久的谈判进程，犯下与前者类似的错误。

维护前行动力。在使用谈判策略获得谈判优势之前，请仔细考虑：在未来，这些策略将如何提升我们的谈判能力，并使谈判卓有成效？

共识的负面效应

目光短浅,只顾眼前利益,并非谈判者因小失大、造成谈判前行受阻的唯一原因。例如,在多方会谈中,如果谈判团队需要或者急于渴望大家达成共识,即使出于良好的动机,但谈判进程往往也会受到阻碍,欲速则不达。让所有人都参与到谈判中来是不大可能的,成本太高是一个方面的原因;另一个原因或许是,有时为了最终达成共识,反而可能会牺牲掉原本可行的交易。比如,在体育界的纷争中,谈判不止两方参与:大市场球队的关注点与小市场球队截然不同,赢利球队的利益诉求与不赢利球队迥然不同,球队新秀与老将的价值也千差万别,明星球员与普通球员的价值同样会大相径庭,你怎么确保让所有人对谈判结果都非常满意呢?在商业合作谈判中的各方,有高度重视你带上谈判桌的条件的,但也有不是那么看重的,或者完全不屑一顾的,甚至挑三拣四的。假若有人阻止合作,你达成协议的可能性有多大?换句话讲,如果一个家庭想要组织一场大型家庭聚会,或者正在为一对恋人筹划一场婚礼,可能会有很多人对这些事情持有发言权,或想要拥有发言权,此时,值得你思考的是:给予每个人以否决权是否明智?

协议或决策能够赢得众人一致支持无疑是非常吸引人的,固然有其优点。但需要注意的是,在构思一项令众人满意的协议时,拥有否决权的人越多,你拥有的自由度就越小,因为可用的资源是有限的,而人们的要求则是无限的。让每个人都参与到谈判中来,势必会造成这样一种局面:任何没有敲定的事项,都有可能面临妥协；而在匆忙之间达成的协议，在战略决策上可能就会显得目光短浅，也就是仅仅为了解决当前的问题，而以忽视或加剧未来问题为代价。大家回想一下，这不正是《邦联条例》中所遇到的问题吗？当有人知道他们的投票是决定性的一票时，于是达成共识便为他们"劫持人质"制造了诱因，他们会坚持要求对方做出最大让步。

> 达成共识的协议也可能是目光短浅的。
> 随着拥有否决权的谈判各方数量的增加，
> 构思协议的自由度就会降低。

充分共识原则

由于在谈判中片面追求各方共识可能会破坏谈判进程，导致延缓或减弱谈判推进势头，因此在大型的多边谈判中，交易各方和外交官们常常会尝试采用充分共识原则。也就是谈判各方不要求谈判桌上的每个人都投票赞成每项提议，而是要求只要各方之间和各方内部有"足够高"的认可度（比如，谈判各方的80%必须赞成该条款，各方内部人员的60%必须同意支持），谈判就可以继续进行。这种原则方法已运用在大家所熟知的各种谈判场合，从国际气候协议谈判到和平进程谈判，再到国家《宪法》的通过，等等。为了避免给扰乱谈判进程和破坏最终协议达成的一方或几方提供可乘之机，我们就需要考虑降低对谈判进程和协议批准的要求。类似的原则方法在公司背景下也是可行的。在某些场合，公司要达成共识可能是必要的，也是可行的，但当内部存在激烈矛盾冲突时，如果公司领导者明确表示希望得到投入和支持，不要求大家完全达成一致，那么他们的想法就更有可能付诸实施，避免无所作为。

> 在错综复杂的协议谈判和旷日持久的矛盾冲突中，
> 尤其是如果有被"劫持"之忧的话，
> 那么坚持充分共识原则可能比谋求一致同意原则更合适。

降低谈判进程要求，抬高达成协议门槛

无论基于什么原因，如果最终谈判协议必须被各方无条件接受，又该怎么办呢？为了维护谈判前行的动力，在最终协议达成之前的所有议题讨论中，你仍可以使用充分共识原则。换句话说，在谈判临时协议时，或在起草关于什么才会成为最终协议的个别条款时，谈判桌上的"充分"支持足以推动谈判进程；在谈判结束时，各方依然可以对达成的最终全面协议投赞成票或反对票。在谈判有争议的情形下，我经常提出以下建议：降低谈判进程要求，抬高最终协议门槛。这样可以维护谈判前行的动力，因为它会提醒各方，尽管谈判桌上的每个人都可能发现协议的某些内容是令人反感的，甚至是令人厌恶的，但这些不应该成为阻止谈判继续进行的绊脚石；各方明智的做法是继续谈判，看看最终达成的协议是否依然比

没有达成协议更可取。

> 降低协议中个别内容的进程要求，但对全面的最终协议，抬高其批准或正式通过的门槛。

命运与共

之前我们讨论了同时就多个议题进行谈判，即一次就多个议题进行谈判的好处，这可以使双方在彼此信任不充分时，确保他们在某方面的让步能在另一方面得到回报。然而，特别是在错综复杂的谈判中，并不总是能够同时就所有的重要议题进行讨论。比如，在和平进程谈判中，诸如裁军、经济改革、政治参与等不同的议题，可能会间隔几个月才能得以解决；在大型国际合作协定谈判中，会有不同的渠道来讨论不同的议题；即使在商业交易谈判中，往往针对不同的交易内容，也需要由不同的人在不同的时间进行谈判。在诸如此类情况下，谈判者的一个顾虑是，当不知道协议的其他方面将如何发展时，自己在某方面做出让步或展现出灵活性，是否风险太大？这种担忧可能会使谈判进程陷入停滞状态。而消除这种顾虑的权宜之计是，谈判各方都明确同意"命运与共"的原则，即各方都同意在达成全面协议之前，任何一方所说的、所暗示的或所提议的都是不可更改的。这就赋予谈判者更大的自由空间，来对不同的解决方案进行集思广益，并尝试在协议的某些内容上，以更加融洽的方式进行磋商；同时也让各方都明白，他们撤回任何部分的提议或已做出的个别让步的权益，都将受到"命运与共"原则的保护。

> "命运与共"的原则能够让谈判各方安全地做出让步，有助于应对瘫痪的谈判。

公开透明的代价

当交易各方和外交官们决定进行闭门谈判，一个类似的基本逻辑已被圈定，那就是，各方在进入谈判商议阶段后将拒绝公开有关信息。在谈判中，与力争达成共识一样，由于种种原因，努力做到公开透明是大有裨益的，但对于极其复杂的谈判，在讨价还价过程中如果公开透明，则往往弊大于利。如果你想通过私下讨论让谈判者透露出妥协意愿，那会非常困难。如果在最终协议没有得到确保的情况下，任何一个声明、让步或建议被公开了，那么谈判者将压力山大，不敢轻易说出任何可能被理解为软弱或背叛的话。当你在努力拿下貌似不可能的谈判时，坚持拒绝公开透明是一个附加的限制，如果你无法做到，可能因此而扼杀谈判进程。

相反，在讨价还价阶段，你通常希望能留给谈判者足够的隐私空间，然后再公开最终协议，以便利益相关者有机会决定是否支持该协议。这一点至关重要，也因此才使得美国《宪法》得以成功起草。在北爱尔兰（Northern Ireland）和平协议谈判，以及在NFL和

NHL的劳资协议谈判中，也采取了同样的方法，即努力缩小媒体报道范围和曝光度。为了帮助建立更好的会谈基础，和平进程绝不会刚启动就公之于众，会谈总是会开通非公开对话渠道，这也是为什么政府和武装组织之间的早期谈判通常是秘密进行的，直到有足够的动力让各方承认正在进行的谈判时，才敢于公开。在会谈初期，如果让政府和叛乱分子的支持者知道他们正在采用外交途径来解决争端，那么对他们来说是有一定风险的，谈判破裂的可能性会非常高；只有当有证据表明双方都有兴趣和能力促成谈判，并达成协议时，任何一方才能承担起将谈判昭告天下的代价。

很容易理解利益相关者为什么会要求谈判过程完全公开透明。但如果你想通过谈判结束旷日持久的矛盾冲突，运用此种方式就绝非明智之举。虽然谈判流程应确保支持者们能最后决定是否应该接受最终协议，但是给谈判者提供足够的弹性空间，从而尽力架构并达成最佳协议，也是理所当然之事。

> 若将谈判过程公开透明化，反而会扼杀谈判进程。
> 应给予谈判者架构协议时所需的隐私空间；
> 应赋予支持者们决定是否接受协议的权利。

维护前行动力的谈判原则提醒我们，要判断我们的谈判策略和流程选择是否明智，其方法是看在未来几天、几个月，甚至几年的时间里，这些策略在推动谈判进程方面的影响力如何。正如我们所看到的那样，如果谈判者只专注于解决短期问题，或者只看重实现短期收益，就可能会以牺牲谈判进程为代价。然而，目光短浅的谈判者影响的不只是当前的谈判，他们即使达成了协议，鼠目寸光的谈判方法也会加剧未来矛盾冲突的可能性，或者削弱我们解决矛盾冲突的能力。

我们今天的所作所为，将影响未来我们通过谈判解决冲突的能力，这是一个常常被大家忽视的问题。也许是因为我们的资源有限（如时间、注意力、影响力），从而导致我们以狭隘的眼光过分看重当下协议的满足。但历史清楚地表明，不仅在体育界，在个人关系、商业界、国际关系和其他领域等，今天的矛盾冲突，其诱因往往都是我们在过去如何进行谈判和如何结束谈判的结果。故而，谈判高手都将此铭记在心。在下一章，我们将要讲到，即使是面对不可调和的矛盾冲突，为了将来双方的接触，也要规划架设一条沟通渠道，这一点极其重要，也是完全可能的。

10
留在谈判桌上

从维也纳到巴黎之和平谈判

第一次世界大战（1914—1919年）被称为"结束所有战争的战争"，而事实上，被描述为"忘记所有战争的战争"可能会更贴切。无论是导致战争爆发的灾难性决策，还是后来漏洞百出的和平协议框架，世人悲摧地发现，战争的记忆已经褪色，惨痛的教训逐渐被遗忘。关于"一战"结束后协约国在巴黎谈判中所犯下的错误，尤其是在战败国德国的待遇问题处理上，为后来德国成功挑起第二次世界大战种下了怎样的祸根，世人众说纷纭。当然，我们是站在未来的制高点上，行使着手中的特权来评价反观历史，有点儿"马后炮"的味道。诚然，如果那些战胜国有能力把问题看得更透彻，协议谈判的结果可能会大相径庭。唉，他们确实把问题看得太透，可惜并没有带来任何帮助。

格外引人瞩目的是，在"一战"之前的百年历史中，欧洲大陆相对平静，罕见发生冲突。虽然偶有零星冲突，但都没有升级成为持续的多边战争，也没有导致大规模人员伤亡。出现这种局面的部分原因要归功于谈判，其结束了以往出现的大规模军事冲突。1814年，拿破仑战争（The Napoleonic Wars）结束，英国（Great Britain）、俄罗斯、普鲁士（Prussia）和奥地利4个战胜国齐聚维也纳，共同决定了战败国法国的命运。[1]无独有偶，105年之后，英国、法国、意大利和美国聚首巴黎，共同决定了战败国德国的命运。在两个案例中，都是由战败国为战争造成的损失埋单，大多数谈判都是一边倒的情况，和平条款主要是由战胜国决定并强加给战败国，几乎没有讨价还价的余地；然而，至少在一个关键方面有所不同，就是这两次谈判结果分别带来的后续影响简直是天壤之别。

为什么1814年的参战国避免了战后动乱的发生，而1919年的和平缔造者们却助长了战乱的滋生？你该如何痛斥恶行，修复信任，阻止毁灭性战争死灰复燃？

无须借助金钱或权势

维也纳会议（The Congress of Vienna）以及当年早些时候在巴黎签署的条约，迫使法国放弃了近年来征服的领土，但也允许归还其1789年丧失的广阔疆域。当时，虽然法国被认定为侵略国，但战胜国最初并没有要求法国支付战争赔款，担心赔款负担会导致法国变得不堪一击，从而激起好战情绪，要么将来再次发动侵略，要么

---
[1] 当然，还有许多其他国家的代表们出席了此次大会。

被其他国家所征服。1815年,拿破仑逃离流放地,再次发动战争失败后,最初的赔款政策才因此而发生了改变,法国被迫支付全额战争赔款。[1]最重要的是,1818年,在法国进行赔偿后,它被邀请加入国际组织,也就是后来众所周知的"欧洲协调"(The Concert of Europe)。"欧洲协调"的多边会议,与一百多年后的联合国或欧洲联盟(European Union)有着相似之处。[2]尽管法国人是战争的肇事者,但他们在谈判桌上还是拥有一席之地。

相比之下,一个世纪之后,在第一次世界大战结束时,协约国(Triple Entente)对待德国的方式就显得不那么精明了。具有讽刺意味的是,1870年普法战争(the Franco-Prussian War)爆发之后,随着协约国与德国之间的猜疑和敌意与日俱增,正是在和平谈判期间,法国人率先对德国发起了攻击。[3]然而,当战火硝烟散去,德国不仅要接受严厉的军事制裁,还不得不割让大约13%的领土、10%的人口,以及放弃欧洲地区以外的所有殖民地。

有两个关键条款,可以完美地诠释维也纳会议精神。第一个条款是《凡尔赛和约》第231条(又名"战争罪责条款"),该条款要求"德国及其同盟国必须对战争造成的一切损失和破坏负责,而德国需承担全部的责任"。因此,如果按国内生产总值(GDP)的百分比计算,德国预计将支付近5千亿美元(以当前美元计算)的

---

[1] 尤金·怀特:《拿破仑赔偿的代价和后果》,《国家经济研究局研究论文》(工作文件编号:7438),1999年12月。DOI:10.3386/W7438。
[2] "欧洲协调"是"四国同盟"的产物,即英国、俄罗斯、奥地利和普鲁士,根据"四国同盟"的约定,四国同意齐心协力,以维持欧洲力量平衡,并执行在维也纳谈判达成的和平条约。几年后,法国加入了该组织,然而英国却最终退出了该组织。
[3] 在所有同盟国中,法国是同盟国中战死人数较多的国家,但是在所有国家中,德国的死亡人数是最多的。

战争赔款，较1815年法国支付的赔款金额高出很多。然而，无论是在象征意义方面，还是实质意义方面，更具影响力的决定是第二个条款：不允许德国加入国际联盟（the League of Nations），也就是联合国的前身。

对于以上"要么接受，要么挨揍"的条件要求，时任德国外交部部长布罗克道夫·兰曹（Brockdorff Rantzau）或许最能道明德国人的认识，他把该条约总结为："德国要存在，就不得不放弃所有主张。"[1]

创建流程，解决残余冲突

关于德国人是否有能力按照和约规定支付赔偿金，一直存在诸多争议。事实上，或许德国能如数赔偿，但这些要求为之后的战争冲突埋下了隐患。然而，正如我们所了解的拿破仑战争之后的法国赔款事件那样，即使是强制征收巨额赔款，也并非未来战争冲突爆发的"充分"条件。赔偿和其他惩罚性措施可能会增加战争冲突的可能性，但如果有适当的约束机制和渠道，仍可以和平解决残余的或潜在的冲突，完全可以避免今后的战争。在与德国谈判时，协约国所犯的一个致命错误，不是要求德国支付巨额的赔款，而是对它实施的孤立。结果是火上浇油，不但加剧了新的冲突，同时又限制了管控冲突的可能性。的确，维也纳和谈与巴黎和谈之间的区别不

---

[1] 玛格丽特·麦克米伦：《巴黎1919：改变世界的六个月》，兰登书屋出版社2002年版，第465页。

单单是要求赔偿，而是在于对敌人的孤立。

在1814年的维也纳会议上，绝大多数有影响力的谈判代表一致认为，协议条款必须具有前瞻性。会议上政治家们似乎更注重防范未来战争的发生，而不是惩罚过去战争的肇事者。他们这么做是为了保护子孙后代的和平，而不只是为了替目前的战争受害者报仇雪恨。尤其值得关注的是，欧洲各国让法国加入了国际社会，并建立了一个权力平衡体系，让谈判不过于袒护战胜国或打击战败国，从而让欧洲人民享有了相对持久的和平。然而，1919年的巴黎和谈情况却并非如此。

> 大多数谈判，即使是成功的谈判，后续都还会有些残余冲突。应创建渠道和流程，以成功应对随之而来的突发事件和潜在冲突。

留在谈判桌上

有一个共性问题存在于各种冲突之中，那就是谈判者对持续参与谈判投入不足。当和谈破裂，尤其是武装冲突也因此而爆发时，有一种倾向是中断所有沟通或谈判，而不是保持谈判渠道畅通，以便于为今后尝试和平谈判创造机会。由此，即使将来出现可能达成协议的机会，由于信息的不畅和理解的缺失，结果也会令人沮丧，加之平时在维系关系方面投入不足，使得后续协议的达成愈加困难。从历史来看，至少体育界的谈判代表们有一种倾向：只有当新的劳资谈判协议启动时，谈判者们才开始与对方见面接触，而不是在原协议执行期间就建立彼此的信任。同样，近年来美国和伊朗之间的核谈判，由于双方在过去几十年缺乏沟通了解，在很大程度上阻碍了谈判进程。有些销售人员也是这样，当与客户达成一笔交易或交易失败后，便与客户中断联系，直到开启下一笔交易时，才又重新联系客户。

在这些案例中，最明智的策略是让自己留在谈判桌上，如果不是实质性的，至少也得是象征性的，哪怕最终达成协议的希望渺茫，或者赚钱的概率很低。尤其是在谈判"失败"之后，双方关系自然会进一步恶化，信任危机重重，观点分歧加剧。在此情况下，持续接触有助于保持各方关系完好，有助于跟踪了解各方利益诉求和制约因素的潜在变化，有助于寻求重新开启谈判的可能性。此外，在没有启动实质性谈判之前，谈判各方通常更容易建立信任以及获取信息，因为谈判者不会过分担忧因为信息分享而给对方带来的谈判优势。我给谈判者的建议是：无论结果如何，都要保持联系。有一天，你已达成的协议也许可以得到进一步完善，你未达成的协议或许可以实现逆转。

> 留在谈判桌上，尤其是在谈判失败之后，目的是维系双方关系，了解对方的观点，寻找契机重新开启谈判。

不为刀俎，则为鱼肉

就"一战"谈判案例而言，和平协议所潜藏的问题并非完全出人意料。许多国家的谈判代表公开表示，担忧自己已经播下了未来战争的种子。与众不同的是法国，该国的一些人认为协议条款过于宽松仁慈。当时一位英国官员韦弗尔伯爵（Earl Wavell）用忧郁而伤感的诗句描述了1919年发生的故事："在这次'用战争终结战争'之后，他们在巴黎似乎相当成功地实现了'用和平终结和平'。"[1] 尽管有这样的疑虑，为什么和平条约最终还是以这种形式呈现呢？

一个至关重要的原因是，战败国德国几乎完全被排除在谈判之外。与之相反，1814年，同为战败国的法国几乎从一开始就在谈判桌上拥有一席之地，尽管他们的话语权比其他国家少很多。就这样的谈判状况，在很大程度上还要归功于当时法国外交大臣塔列朗（Talleyrand）出色的运筹帷幄。1919年，正在起草协议的谈判室里，听不见德国人的心声，各方都在长时间沟通酝酿制裁德国人，当时根本就没有反对力量来平衡法国的要求。这也不足为怪，那些在谈判桌上拥有话语权的人，时常会无视甚至剥夺那些没有参与谈判的人们的利益。事实上，在外交界和政治界流传着一句一语中的的话："如果你不在谈判桌上，那么你就会在菜单上（不为刀俎，便为鱼肉）。"在1919年的那场谈判中，德国人是开胃菜、主菜和甜点，无疑沦为了被人分食的可口菜肴。

---

1 戴维·弗罗姆金：《终结所有和平的和平：奥斯曼帝国的衰落和现代中东的建立》，麦克米伦出版公司1989年版。

在各种谈判中都是如此。想想美国体育界的劳资协议谈判中的那些典型案例。经过几个月的激烈谈判，彼此要求对方实质性让步的呼声被断然拒绝之后，双方最终开始放弃他们最初的立场。你认为他们会首先做出哪些让步？此时，你不需要了解体育，甚至不需要知道正在讨论哪项运动，就能精准预测到球员方首先做出了重大让步，而且必定是会与新晋球员的薪水和合同有关。为什么刚进入联盟的新晋球员的利益常常是集体谈判祭坛上的第一个牺牲品？道理很简单，因为他们不在谈判桌上。

> 不为刀俎，则为鱼肉。

没有谈判席位的谈判

睿智的谈判者总是千方百计地在谈判桌上争取一席之地，如果实在无计可施，还可用其他办法来影响谈判过程及其结果。例如，在2011年的NFL谈判中，退役球员没有表决权，但他们利用媒体对退役球员健康的关注，来给NFL球员协会和NFL球员联盟施加影响。更常见的做法是，如果你在实质性谈判中没有正式的身份或制胜的筹码，你可以去给那些掌控谈判大局的人施加影响，你的筹码就源自你可以从局外帮助他们的能力。例如，除了当前协议之外，谈判者可能还会有其他利益关切点，那么你可以在这方面给予支持，作为交换，他们则会在当前谈判中助你一臂之力；或者谈判者可能会需要你的帮助，就像NFL案例中退役球员所做的那样，帮助推销当前协议，从而赢得更多支持者。如果谈判桌上的人，看重你在谈判期间或正值协议批准通过之时，以及推销协议之时所提供的帮助，或者害怕你对他们持反对意见，这样你就有了制胜的筹码。

> 如果你在谈判桌上没有一席之地，
> 你或许可以通过创造协议之外的价值，
> 或者帮助协议制定者们推销或履行当前协议，从而给他们施加影响。

和平时期对谈判流程投入不足

在《大外交》（*Diplomacy*）一书中，亨利·基辛格（Henry Kissinger）讲述了1814年和1919年两次和平谈判，分析了两次谈判截然不同的第二个原因。[1] 1814年，人们对过去战争的记忆仍历历在目，记忆犹新。在过去的几百年里，每隔几年，欧洲大国之间就会爆发战争，欧洲人已经司空见惯。人们认为，除非付出巨大努力来防止冲突发生，否则旷日持久的严重冲突在所难免。相比之下，1919年，人们则把第一次世界大战视为不按规则出牌的意外事件，似乎需要大家解释的是，战争是如何发生的，而不需要如何努力去防止未来发生战争，谈判者未能充分理解的是，被"一战"戛然而

---

1 亨利·基辛格：《大外交》，西蒙与舒斯特出版公司1994年版。

止的漫长的和平时期，是精心谋划的"体系建设"的产物，而非在历史中探求启蒙的必然结果。

这是在彼此保持长期关系情形下，已达成的协议遇到的常见问题。当谈判协议的背景被遗忘，记忆被淡化，对未来一代一代的谈判者来说，就很难理解原始协议背后的逻辑关系，也不明白此协议存在的意义。于是，协议看起来有瑕疵，内容或许也不甚合适，因此也就不再具有价值。基辛格博士认为，这就解释清楚了为什么英国自维也纳会议之后，历经了几十年的和平岁月，最终放弃了其作为平衡欧洲力量的担保人的角色；也解释清楚了为什么参加过维也纳会议的两代奥地利人，开始冒着失去他们赖以生存的联盟体系的风险，去博取短期收益和诱惑；还解释清楚了为什么德国人在巩固了自己的势力之后，放弃了与俄国人签署的条约，以此争取英国人的支持。以上每种情况，政治家们都没有看到，他们是在没有战争的情况下，通过支付看似不必要的费用来换取和平的。比如，英国人看到了和平，觉得在欧洲的投入是不必要的，而没有把和平视为他们投入的结果。如出一辙，奥地利人和德国人也没有意识到，他们所享有的自由，正是根植于他们现在准备肆意挥霍的联盟。

让我们以公司为背景来看看这个问题。设想一下，某位新上任的CEO走进办公室，发现过去10年来，公司未曾发生过任何法律纠纷，于是决定不再花钱组建法律团队，也不再与销售商和客户认真起草合同，因为这样做毫无理由。或者，让我们以体育界为背景再来看看这个问题，设想一下，某支足球队发现对方在比赛的上半场一球未进，于是决定在下半场撤下守门员。这些决定无疑是不可思议的。

但不幸的是，在冲突背景下，人们时常会做出非常类似的决定。

当"成功"不是以可衡量的"收益"来评估，而是以维持积极的现状（如和平、持续合作等）来评估时，努力和成功之间的因果关系就很难洞察界定。如果不认真审视，就弄不清楚是什么让事情步入正轨。如果旨在促进合作的政策在金融、政治、官僚等方面的代价高昂，那么就会诱使人们停止投入，熵（混乱状态）就会如期而至：在没有深谋远虑的用心投入经营下，各种关系、机构和协作企业等都易于每况愈下、日益恶化。

当公司形势一片大好之时，没有努力加强与各位股东之间建立良好关系，直到矛盾冲突出现时，才发现股东们并不友善。在武装冲突领域，叛乱发生之前，常常是某个优势群体认为和平现状是理所当然的，于是在政治上实施排挤政策，在程序上给予不公平待遇，由此铸成大错。在完全不同的背景之下，同样的原则一样可以很好地解释为什么近年来一些美国人陷入了所谓的反疫苗热潮之中。一旦像麻疹这种疾病得到根除，没有经历过麻疹所带来的危害的人们，就很容易贬低能有效抑制病毒的疫苗，并支持那些攻击疫苗的抵制者。在上述每个案例中，问题不在于人们不愿意为维持和平而投入，也不是看轻了和平本身的价值，而是没有充分认清两者之间的因果关系。

> 有这样一种倾向，尤其是在和平时期，
> 无论是对有助于维持关系的过程，
> 还是对有助于维持和平的机构，都投入不足。

与谈判之前的准备工作一样，谈判者对谈判流程的专注程度往往也因人而异、大不相同。有的完全无视这一点，有的则以令人难以置信的深谋远虑来制定策略和磋商流程，准备好谈判进程的各个环节。虽然我们已充分认识到谈判流程的重要性，但这并不意味着你无论怎么过分强调它都不为过。下一章将会讲述的是，我们可以把更多的关注点放在谈判流程上，但当谈判流程的重要性被过度凸显，被赋予太多的重要意义或象征性时，就会严重损害谈判的实质性进展。

11
流程之局限

竭力终止越南战争

从表面上看，越南战争（The Vietnam War）（1961—1975年）是发生在北越（North Vietnam）和南越（South Vietnam）之间的战争，但事实上，人们认为这场战争就是苏联（The Soviet Union）和美国之间的一场代理人战争。美国及其盟友支持总部设在西贡（Saigon）的南越政府。苏联与其他共产主义国家一起，支持北越和民族解放阵线（The National Liberation Front，NLF，这是一个在南方武装反抗南越政权的共产主义统一战线组织。尽管美国插手越南战争可以追溯至20世纪50年代初，但战争的分水岭发生在1964年8月，美国升级了军事干涉，此时也爆发了臭名昭著的"北部湾事件"（Gulf of Tonkin）。在两起孤立的"北部湾事件"中，美国海军（The US Navy）都报称是北越发动了袭击，这正好给时任美国总统约翰逊（President Johnson）提供了理由，要求国会授权，以扩大对北越的军事行动。

对力图阻止越南"转向共产主义",是否关系到美国的合法权益受到威胁这一问题,争论一直存在。但对于总统以不正当方式获得国会支持,是否应受到谴责,却毫无争议。事实证明,在第一次"北部湾事件"中,正是美国率先发起的袭击,而不是北越;至于第二次,纯属子虚乌有。[1]约翰逊总统及其领导的政府意识到,之前声称的所谓袭击事件存在严重的不确定性,但这既没有被承认,也没有报告国会。《北部湾决议》(*The Gulf of Tonkin Resolution*)以压倒性优势获得通过,从而为目前被视为灾难性的战争升级铺平了道路。美国军人的阵亡人数多达58 000名,虽然各方对死亡人数的估计各不相同,但累计死亡人数远远超过100万。

到了1968年,很明显,美国想在越南取得军事胜利几乎是不可能的,尤其是战争遭遇到了美国民众的强烈反对。这年伊始,北越军队及其民族解放阵线盟友就发动了一场大规模的"春节攻势"(*The Tet Offensive*),袭击了南越数十座城市。虽然美国和南越对"春节攻势"的应对,可以说是一次军事上的成功,但也付出了惨重的代价,造成大量人员伤亡,同时大家对努力取得战争胜利的幻想大规模破灭。不出所料,和平谈判也在这一年拉开了帷幕。

然而,实现和平岂非易事。1968年,和谈的第一块绊脚石便是从5月至10月长达5个月的拖延,在此期间,北越政府拒绝来到谈判桌前,除非约翰逊总统停止对北越的轰炸。美国政府最终被迫停止

---

[1] 罗伯特·汉约克:《野鼬鼠、妖怪、沉默猎犬和飞鱼:1964年8月2日至4日北部湾之谜》,《密码学季刊》,https://www.nsa.gov/public_info/_files/gulf_of_tonkin/articles/rel1_skunks_bogies.pdf,于2015年6月25日访问。

了空袭，为实质性谈判做出了让步，或许对那些伪装渴望和平的谈判者们来说，也希望如此吧。关于谈判各方满足什么样的条件才会走到谈判桌前，这是一个很常见的问题。但是，当谈判各方都准备好来到谈判桌前，却甚至无法就谈判桌的形状达成一致时，该如何是好？对这样一个在外交电报中被委婉地称为"程序问题"的问题，却使谈判各方陷入了僵局。

对流程的执念

1968年12月初，这个棘手的问题就浮出了水面。北越希望能有一张方桌，让冲突各方都能参与，且各坐一方，各自挂上自己的旗帜：北越、民族解放阵线、南越和美国。南越则希望能有两张面对面的长桌，冲突双方各坐一张，因为在他们看来，这次冲突只有两个阵营，即北越和南越；更为重要的是，把民族解放阵线视为合法的冲突方之一，南越对此拒不接受。不过接下来发生的事情，堪称历史上最荒唐的外交智慧投资了。[1]

1968年12月11日，南越代表团大使向美国重申了自己的立场，即维持"双边方案"是至关重要的，而且表示在此问题上不会做出任何让步。随后，美国又提议了许多符合双边原则的其他桌形，如两张半圆形桌子；四张桌子，两两面对面；一张从中间分成两部分

---

[1] 以下内容摘自美国国务院保存的文件，出自历史学家办公室。请参见《美国对外关系（1964—1968年）》（第七卷），1968年9月至1969年1月，http://history.state.gov/historicaldocuments/frus1964-68v07. 于2015年6月25日访问。

的菱形桌子；一张大圆桌。美国还认为选取这些形状"不是让步，而是替换"，但南越代表团还是固执己见，认为两张长桌面对面是最好的提议。

第二天，美国代表团给约翰逊总统报送了一则信息，告知说又冒出一个程序性问题：发言顺序问题。"大家一致同意，发言方的名字将从帽子里随机抽取，但北越主张抽取四个名字……以此强调这是一个'四方'会议。而我们和南越主张只抽取两个名字，这代表着我们的立场，即这是一场'你方和我方'的会议；然后，再由每一方的两名成员代表发言。"与此同时，关于桌子形状的谈判仍在继续：北越提议使用四张独立的桌子，然后又建议使用一大张圆桌，这样所有各方都可以围桌而坐。这也正是美国之前的一个方案，但未能说服南越接受。

和平谈判仍在延期，而且并非毫无风险。有人给约翰逊总统的建议包括重启空袭的可能性，以此"作为对会议桌上故意拖延的回应"。美国代表团的一名成员向南越副总理指出："在战争和死亡仍在继续进行的情况下，大家不能指望美国人民、世界其他地方的人民……甚至越南人民，能够理解我们对谈判桌形状的争论不休，以及对会议上的发言顺序的争论不已。"但是，他的努力并没有解决任何问题。

随后，南越副总理提议采用"三阶段流程"。第一阶段只关注"与民族解放阵线无关"的问题，这样一来，民族解放阵线就可以自然而然地被排除在外了，而不必就谈判桌形状达成一致。但美国不会支持"三阶段流程"这一提议，因为这种方式的透明度太高，会使在和谈开始前就脱离正轨。此时，美国代表团也开始考虑，如果南越在程序问题上过于强硬，就与北越进行双边会谈。

1969年1月2日，终于取得了一些进展。北越虽然仍然坚持使用"简单的圆桌"，但表示如果桌子形状的问题能够得到解决，他们就同意南越关于不使用旗帜或名牌的立场；关于发言顺序的问题，北越同意了美国的建议，即抽两张签而不是四张，但坚持要求抽签的人必须是南越和民族解放阵线的代表，而不是美国和北越的代表。然而，南越对他们赢得的让步不以为然，反而继续提出要求：如果要使用圆桌，就必须用布条挂在中间，以明确区分圆桌的双方。恼羞成怒的美国代表团试图争辩说，要明确双方是谁，只需看看大家坐在一起的彼此间的间隔距离，不就一目了然了。

1月4日，南越提出了一个用于解决谁来抽签的问题的方法：可以"简单地掷硬币，或者让对方先发言"。与此同时，美国代表团也在考虑，南越是否愿意用掷硬币的方式，来解决"无标记"还是"有标记"圆桌的问题。美国代表团还要努力确保与会人员从两个不同的入口进入会场，从而进一步凸显会谈的双方。美国代表团自始至终都在努力平息公众对这次事件的愤怒与不满，同时也是为了新总统理查德·尼克松（Richard Nixon）在1月20日上任前，能够开始实质性会谈。他们希望能说服南越同意使用一个无标记的圆桌，以换取北越在旗帜、名牌和发言顺序方面的让步。

因问题迟迟没有解决方案，谈判桌形状之争上升到国家元首层面。1月7日，大为光火的约翰逊总统对他的团队说："我受够了！"而且强烈怀疑南越的不妥协，在某种程度上是不是即将上任的尼克松政府所煽动的。然后，他致信南越总理，在信中，他动用了美国总统的全部影响力，要求南越总理使用简单的圆形会议桌。

美国民众和美国国会对此都表示无法理解，我们居然不能接受一张完整的、必要时不做任何标记的圆桌。这样的桌子无论如何都不是固有的四边形，如果桌面是按一半对一半进行划分的，即使不做标记，谈判两方的界线也是一目了然的……当前，美国国会和民众可能出现的不稳定和危险局面，是我过去4年总统生涯，乃至过去40年公职生涯中未曾见过的，可谓一触即发。如果不能合理调整我们的立场，必然招致雪崩式的批评，其批评的矛头会直指我们美国政府，贵国政府在美国国会和人民心目中的形象，也将会一落千丈……你和我有着长期密切的建设性的合作，我们一直努力在做正确的事情，我坚信使用圆形谈判桌是正确的选择，这也正是我现在要求你做的事情。而且我同样坚信这一点至关重要，如果我国要继续执行我一贯主张的支持行动方针的话。请不要逼迫美国重新考虑对越南的基本立场。[1]

在把信递交给南越总理之前，美国代表团重申了自己的立场：时机已经成熟，是时候该解决这一问题了。

---

1 以下内容摘自美国国务院保存的文件，出自历史学家办公室。请参见《美国对外关系（1964—1968年）》（第七卷），1968年9月至1969年1月，https://history.state.gov/historicaldocuments/frus1964-68v07，于2015年6月25日访问。

我们将采取措施，以明确谈判桌本质上就是按照谈判两方来安排的，可以通过以下方式来实现。一种方式是我们之前讨论过的，即把隔在双方中间的那把椅子搬走，或者让那把椅子空着，这样就能在双方之间留出一些空间；还有一种方式是在双方之间的桌面上放一摞书或一叠文件……自停止轰炸已经过去两个多月了，距离越南政府（GVN）代表团抵达巴黎已过去一个多月了，美国和越南民主共和国（DRV）在巴黎开始的会谈也已经过去8个月了。在我国政府看来，时机已经成熟，我们必须着手处理实质性事务，这样我们才可以携手共同组建一个坚定的统一战线。谈判桌的形状问题，是我们双方的共同责任。[1]

然而，关于桌子形状的谈判仍在继续，甚至还针对圆桌和环形桌之间的区别进行了辩论。最终，南越做出了让步，提出了一个折中的解决方案，即可以用"将圆桌分隔成两边的细而可见的线"来替代布条。关于发言顺序问题，又冒出一个新点子："从两个签中抽取，比如，一个红色签和一个黄色签。由第三方负责抽签（可以是法国官员）"。

事实证明，不是你缺乏毅力或创造性来解决该问题，而是有时需要你用新的视角来看待问题。打破僵局迫在眉睫。1月13日，苏联驻法国大使馆公使衔参赞提出了一个新方案："一张圆桌，再加

---

[1] 以下内容摘自美国国务院保存的文件，出自历史学家办公室。请参见《美国对外关系》，（1964—1968年）》（第七卷），1968年9月至1969年1月，http://history.state.gov/historicaldocuments/frus1964-68v07，于2015年6月25日访问。

两张与圆桌相邻且相对的长方形小桌。"成功近在咫尺!

1月16日,争议各方达成以下一致意见:使用一张没有标记的圆桌,再加两张长方形的小桌摆在圆桌的对称点处,且距离圆桌45厘米,桌面上不放置旗帜和名牌。一位法国外交官负责抽签或掷硬币来决定谁先发言,抽中的那方将首先发言,且只允许发言两次。最后一个问题,尽管是个小问题,但还是出现了。南越总理不希望在最初提议的法国外交部掷硬币,而是在美琪酒店(the Hotel Majestic)进行。令人欣慰的是,此事没有使谈判脱离正轨。1969年1月18日上午,巴黎和谈的第一次会议在美琪酒店拉开序幕。

当你花了6周时间来商议谈判桌的形状时,由此你一定会明白并确定,实现真正的和平绝非轻而易举的事。1973年,终于签署了《巴黎和平协定》(*The Paris Peace Accords*),当时双方同意停火,美国开始正式从南越撤军。尽管《关于在越南结束战争和恢复和平的协定》要求停火,随后也通过了解决战后治理问题的和平的政治进程,但事实上,战争一直持续到北越击败南越,并在整个越南建立共产主义政府。

流程受阻常见原因

显而易见,谈判各方完全可能因流程问题而停滞不前。比如,争执各方如果无法决定谁先提出和解提议,那么他们可能永远都无法讨论未来的解决方案。又如,在某笔对双方都有利的商业交易中,如果一方希望速战速决,而另一方却希望有更多的时间货比三家或权衡选择，那么这桩买卖可能就无法达成。无论是在哪种情况下，谈判各方试图将流程纳入对自己有利的轨道，都是可以理解的；但因为流程问题而裹足不前，导致谈判一次次延期，可能会更加得不偿失，还可能危及协议的达成。

发生这种情况有几个常见的原因。有时是因为基础工作准备不充分：谈判者没有充分考虑流程问题，或者没有事先协调好团队内部的不同意见，使得与对方的讨论变得过于复杂。有时是因为陷入"分析迷局"，使得各方无法就前进的道路达成一致：如果没有"完美"的流程，各方就会一味追求最优的流程，结果导致不必要的谈判延误。有时则是因为过度渴求战略灵活性（希望"保留所有选项"），延缓了对流程的承诺，哪怕这种延缓带来的是更高昂的代价。只要做好充分准备，所有这些问题都可以预防，至少是可以得到缓解的。

> 如果准备不足，或者不切实际地追求完美的流程，或过分渴求战略灵活性，谈判各方就会因流程问题而陷入困境。

何时搁置流程

在商业交易磋商或外交事务谈判中，尽管我们认为"实质"和"流程"是两个独立的要素，而且每一个要素都需要各自不同的战略方法，但在谈判者和/或支持者的心目中，二者往往是相互交织在一起的。从某种程度上讲，这种认识是正确的。谈判各方可能认识到，诸如"谁会在谈判室"和"谈判会持续多久"等这样的决定，也许会给谈判带来实质性的影响，如果真的会如此，那么就不能忽视有关这些问题的讨论。与此同时，过分专注于精心设计完美的流程，或者最有利于自己的流程，也会后患无穷。当这种情况发生时，从流程谈判到实质性交易磋商的转换，往往会陷入危险之中。理想的状况是，谈判者先将切实可行的谈判流程磋商到位，然后才将实质性的讨论提上议事日程。然而，旷日持久的流程磋商，恰恰可能会给实质问题上的谈判推进带去风险。更明智的做法有两种：（1）就不完善的流程达成协议，之后再进行修改；（2）让流程谈判与实质性谈判齐头并进。

> 如果实质性讨论因过度纠结流程而受阻：
> （1）考虑就不完善但可修订的流程达成协议；
> （2）让流程讨论与实质性讨论齐头并进。

在程序问题上表明立场的实例

这并不是说，在流程谈判上采取强硬立场绝非一个好主意。事实上，你在流程谈判过程中的表现，必然会影响到对方在实质谈判中对你的态度。不久前，一家小公司与一家大公司进行了战略合作谈判，这家大公司年收入达数十亿美元，而我正是这家小公司的谈判顾问。谈判双方都很有诚意，但很明显，对方与多家小公司打过交道，经验丰富，所以打算以同样的方式对待我方，也就是说，他们会对协议条款发号施令，而我方只能点头同意。公平地讲，其实他们真的没有不良企图。从他们的角度看，有很多小公司正排队等着与他们合作，因为他们可以提供巨大的品牌价值和强大的分销能力。但问题是，我们不觉得自己的公司是一家苦苦挣扎的初创公司，而恰恰相反，一份客观的评估报告表明，我们同样能给他们带来巨大的价值，特别是解决了他们的一项主要战略需求。

在我看来，问题出在交易的心理上。我们双方能给彼此带来的价值至少是等值的，这一点双方都心知肚明，但他们认为我们应该承认，这是一场身份不对等的谈判。我告诉我们的团队，我们需要谨记，对方只会与两种合作伙伴进行谈判：一种是他们认为身份对等的合作伙伴；另一种是他们认为因为幸运才能与之谈判的合作伙伴。因为他们对待这两种合作伙伴的方式是截然不同的，所以我们得确保从谈判伊始就建立"平等"的框架，而非"幸运"的框架。如果"幸运"的框架占据了上风，那么在整个交易磋商的过程中，我们就得自始至终顺从他们。

因此，我建议我们尽早表明立场，并诉诸流程。更具体地说，如果认为双方身份是平等的，即使是非常小的流程要求，也不会强加给对方，所以我们决定拒绝任何强制要求。在最初的几周里，流程几经反复，远超双方预期，但最终取得了成功。当我们进行实质谈判时，当我们坚决反对任何看似不对等或不公平的事情时，对我们来说就轻松容易得多，对他们来说也不足为怪。

> 如果你越早质疑流程的不公平要求,
> 那么你就越容易抵制实质问题上的不公平要求。

如何坚守流程

我们与这家大公司谈判的方式,为什么没有演变成在越战谈判中你所目睹的那些闹剧呢?显而易见,这两种情况之间存在着非常大的差异。但当我们决定自己在谈判流程上要坚定立场之时,我们始终谨记以下几点:第一,我们的动机是追求平等,而不是抢占上风,争夺对方的优势。因为一旦你被对方认为试图争夺谈判主导权,冲突极有可能会失控。在与大公司的谈判中,我们始终如一地传递要求平等的动机信息,我们不仅拒绝了他们的单方面要求,而且也避免使用极不对等的语言或提议,因其可能被解读为对我们是有利的。第二,我们要小心谨慎地不让流程争议妨碍实质内容思考,因为我们理解,谈判的流程和实质有时是互为关联的。比如,关于最后期限(流程)的讨论,可能会对协议谈判的范围(实质)产生影响。同样,你是否同意一个排他性谈判期,都事关流程与实质的结果。在此情况下,你得想方设法将流程问题和实质问题分开。比如,为了满足一方在最后期限宣布协议结果,以及另一方想要开展更广泛合作的兴趣的需求,你可以构建协议框架,使其在每一阶段都是完整的。在交易磋商阶段,为了将你高度关注的对方需求与你保持影响力的利益协调一致，你可以同意部分的或临时性的排他性谈判，并根据进展情况适时延长。第三，我们将谈判流程的磋商与实质问题的讨论同步推进，使之并驾齐驱。与越南战争期间的和平谈判不同，尽管流程不够清晰详细，但当实质进展似乎是可行的且大有裨益时，越南和谈的谈判代表们并没有因此而延误实质议题的进展。

> 如果你想坚守流程，那么就做到：
> （1）证明你是在寻求平等，而非抢占优势；
> （2）承认并解决实质关切，因其与流程选择息息相关；
> （3）流程谈判与实质谈判并驾齐驱。

在本章中，我们已经了解到，在谈判流程不失控的情况下，流程将如何帮助我们避免或破解谈判僵局，解决谈判冲突。为什么谈判高手能够高瞻远瞩、深谋远虑，完全重塑未来接触的规则呢？在本部分的最后一章，我们将进行详细探讨。

12
改变约定规则

《老友记》谈判

2002年2月，美国全国广播公司（NBC）和华纳兄弟娱乐公司（Warner Brothers）签下了一部30分钟情景喜剧播放权的协议，也是电视历史上最昂贵的协议，这立刻成了各大媒体的头版头条。这部情景喜剧就是《老友记》（*Friends*），该剧讲述了居住在纽约市的6位朋友之间的生活故事。著者撰写此书时，正在签署该剧第十季（最后一季）的协议，并由此结束长达10年之久的播放。其间，该剧获得了黄金时段艾美奖（Primetime Emmy Awards）提名奖60多项，其中正式获奖共6项；除第一季之外，其余各季在电视节目排行榜中均名列前五。毫无疑问，这是一部非常精彩的电视佳作，但还是不足以解释在这最后一季里，扮演6个主要角色的演员们所获得的片酬究竟有多少。

许多喜剧片的演员阵容都是由一个耀眼的明星主角，以及多个配角组成，就比如在此之前的20年里，美国全国广播公司最受欢迎的几部电视剧：《考斯比一家》（*The Cosby Show*）、《亲情纽带》（*Family Ties*）、《欢乐一家亲》（*Frasier*）、《人人都爱雷蒙德》（*Everybody Loves Raymond*）和《宋飞正传》（*Seinfeld*）。而《老友记》的独特之处在于，剧中有6位主角，他们在剧中的出镜时间几乎是平分秋色，这意味着每个角色都同等重要。然而，从谈判的视角来看，这也意味着他们中每一位随时都可以被砍掉；从制作公司或电视网络商的角度来看，如果某个演员在讨价还价时过于咄咄逼人，就算不起用他或她，节目拍摄仍可以继续进行。虽然这是情非得已的非理想状况，但只要能搞定6位原创演员中的5位，并能一起继续拍摄，那么在与演员谈判时就具备了一定量的筹码。〔对于电视剧的剧名为《宋飞正传》或《人人都爱雷蒙德》来说，当演员名字恰好正是杰瑞·宋飞（Jerry Seinfeld）或雷蒙德·罗马诺（Raymond Romano）时，制作公司或电视网络商就很难找到这种筹码了。〕

然而，当一切尘埃落定之时，美国全国广播公司和华纳兄弟娱乐公司达成协议，同意给予6位演员的片酬是每人每集100万美元。由于最终季计划拍摄22集，这就意味着每位演员的收入将达到2200万美元。（为了让大家对这一片酬有个比较，请参考了解以下情况：就在几年前《宋飞正传》的最后一季，当时该剧相比《老友记》，赢得了更多的艾美奖，收视率也更高，而其片酬谈判的结果是，剧中演员杰瑞·宋飞每集为100万美元，仅次于他的其他3位演员，每人每集为60万美元。[1]）那么，这6位"老友"是如何坚持获

---

1 罗伯特·哈克特：《杰瑞在〈宋飞正传〉最后一季中赚了大钱》，载《财富》2015年6月1日。

得同样如此高的天价片酬呢？

无须借助金钱或权势

2002年成功的种子，早在几年前，也就是《老友记》第三季片酬的谈判期间就播下了。在第三季之前，这6位演员的片酬一直都是按标准方式进行谈判确定，即在经纪人的帮助下分别谈判。在第一年该剧播出之后，每位演员每集的标准片酬为22 500美元，而在此之后的片酬，将取决于该剧的成功与否、角色的重要性以及演员的观众认可度等因素。因此在第二季中，综合这些因素后，导致6位演员每集的片酬在20 000美元到40 000美元。[1]

然而，在第三季的片酬谈判开始之前，在第二季中片酬最高的演员大卫·修蒙（David Schwimmer）（在剧中饰演"罗斯"）别出心裁，决定改变谈判策略。他找到其他5位搭档演员，提出了这样一个观点，即制作公司和电视网络商掌握着制衡他们的关键筹码，因为就个体而言，他们每个人都是可以被替代的。除非他们同意在未来的片酬谈判中团结一致，并要求给每位演员支付一样的片酬，否则他们将无法真正分享该剧的成功。修蒙请求他们不要关注个人对节目的增值效应，而要根据他们的集体贡献来进行谈判，这可谓是剑走偏锋。如果大家能团结一致，不纠结谁在哪一季"客观上"应得到的片酬是多还是少，无疑他们手中将拥有更多的谈判筹码。

---

[1] 布莱恩·洛瑞：《〈老友记〉演员在合同纠纷中回归》，载《洛杉矶时报》1996年8月12日。

接下来,修蒙为了表示自己对这个想法的承诺,打出了他的王牌,主动提出做出牺牲,要求制作公司减少他第三季的片酬,以使6位演员的片酬保持一样。詹妮弗·安妮斯顿(Jennifer Aniston)(剧中饰演"瑞琪儿")也不得不同意这样做,而且她真做到了。结果,根据第三季片酬合同,每个人得到的片酬都是片酬最低演员的片酬,每人每集7.5万美元。到了第六季,增加到每人每集12.5万美元。[1]自此,他们再也不会以个人形式单独进行片酬谈判了。

在接受《名利场》采访时,大卫·修蒙回忆说:

> 我对团队成员说:"事情是这样的,有人建议我去要求增加片酬,但我认为,与其我一个人去,不如我们大家团结一致,一起去争取。虽然大家都期望我能增加片酬。可是我认为我们应该利用这个机会,公开地表明态度,我们6个人应拿到相同的片酬。我并不是要设身处地为他人着想,而是在剧组拍戏时,我不想感觉到其他演员对我产生任何形式的不满。"尔后,我提及了剧中收入最低演员的名字——"大家一起在剧组拍戏,干着同样多的工作,别人却拿到了相当于自己两倍的报酬,这太荒谬了。现在是该我们做决定的时候了,我们大家做同样多的工作,理应得到同样多的片酬。"我当时觉得,组建一个小联盟对我们来说意义重大,尤其是在统一对外宣传口径方面,很多决定必须由该联盟来做出。实际上,这是我冲动的结果,源自我在合奏剧团演出的经历。我们所有

---

[1] 丽奈特·赖斯:《〈老友记〉要求加薪——电视剧最火情景喜剧明星希望再次大幅加薪,意味着该剧的未来是不确定的》,载《娱乐周刊》2000年4月21日。

人都应劳有所得。我们大家都在做"侍应生"和其他工作,但大家都付出了同样的劳动,所以都应该得到同等的报酬。这个想法对我来说真的很重要。[1]

除了拿到更高的片酬之外,这6位主演还能通过谈判拿到联合版税的分成,也就是说,一旦该剧重播,演员们就能得到一定比例的收入分成,这在当时的剧组演员中并不多见。在第六季之后,通过与剧组谈判,每位演员每集的片酬为75万美元。[2]到了著名的"每集100万美元"的谈判之时,毋庸置疑,每个人都十分清楚一点,6位演员要么全部签约,要么全部退出。当数万美元摆上谈判桌的时候,修蒙选择了做出牺牲,而正是他的这一着妙棋,得到了后来的数百万美元的回报。

趁着成本低廉,构建未来合作条款

即便是最重要的关系,通常也始于相互的沟通互动,因为这样风险相对较低。战争的爆发往往源于小规模的冲突,和平进程的推进一般来自对停火的尝试;成功收购的可能性通常在有限的领域通过联合活动进行测试;婚姻的种子往往在第一次约会时就播下了;一些最成功的商业伙伴关系的促成,往往始于几个朋友或同事围坐

---

[1] 沃伦·利特尔菲尔德:《与这样的朋友在一起》,载《名利场》2012年5月。
[2] 比尔·卡特:《〈老友记〉谈判协议将为其6位主演中的每人支付2200万美元》,载《纽约时报》2002年2月12日。

在一起讨论交流有趣的想法。

人们时常津津乐道关于第一印象的重要作用，且不乏颂扬善待他人（包括陌生人）美德的奇闻逸事和寓言，因为你永远不知道将来会发生什么。《老友记》的谈判带给我们不同的启示是：在建立重要关系的早期阶段，不仅要给人留下积极良好的第一印象，而且要努力构建好早期合作条款。修蒙给人的第一印象是一个非常好的人，我确信这不会带给任何人害处，但他的提议与其风度或受欢迎程度实则关联不大。他提议的实质在于，通过自己当下的投资，6位演员有机会重新架构谈判流程，从长远来看，这对他们所有人来说都可能更好，从中获益良多。

> 早期的互动，可以提供一个成本相对低廉的时机，从而构建未来合作的条款。

高额投资预示着对流程的承诺

对于如何重塑流程，能想出来一个好主意是一回事，而强调自己对提议的承诺，则完全是另一回事。值得注意的是，修蒙的提议并非没有代价，或许，一个或多个演员的片酬可能会因为这种安排而变得更糟。在无法保证投资会得到回报的情况下，为了用可信的方式向大家表明这种代价是值得付出的，修蒙首先选择了自我牺牲，如此举动无疑发出了一种强有力的信号，表明了他对新的谈判进程的承诺。

为了启动和平进程,如果政府或武装团体愿意承担政治成本或接受先决条件,这就表示发出了遵守新的和平谈判进程承诺的信号。潜在的交易方同意,如果交易没有达成,愿意支付高额的"分手费",抑或接受一个可能延迟或排除其他选项的专属谈判期,这同样表示在早期就发出了承诺信号。员工在谈判聘任合同的具体条款之前,就同意接受工作机会,同样体现出早期承诺。我认识一个初创公司的CEO,该公司正处于水深火热之中,急需追加资本投入。如果公司在未来几个月里,不能成功签署新一轮的投资协议,员工们就会产生巨大的焦虑感,并迫使立即开始寻找下家,因为找工作也可能需要花上几个月的时间。于是,这位CEO找到公司的关键员工,告诉他们自己始终致力于公司的发展,以及对员工的关爱,恳请他们推迟另寻门路的打算,在决定离开之前,再在公司坚持几个月。为了强调自己的承诺,他同时向关键员工们保证,假设未来几个月里公司投资不成功的话,他将自掏腰包来支付大家的工资,以此来确保关键员工不会在这个危机时开始跳槽。

在某些情况下,所有这些决策都可能会是下下之策,因此我无法推荐任何一种有规律性的决策。问题的关键所在是:正因为这些决策存在着极大的风险,它们才可以发出强烈的承诺信号。

> 你愿意承担前期成本来支持该流程,表明了你对该流程的承诺。

给你的让步贴上标签

如果不鼓励其他人与你一样也对流程做出承诺，可能表明你所致力于的这个谈判流程对你没有什么好处，甚至存在着危险。当一国政府同意谈判方提出的先决条件时，它可能传递的信息是该国政府最终的绝望，而不是对有价值的事业的承诺。当一个收购者同意接受一大笔"分手费"时，它可能意味着收购者自身的实力不济，而不是对真正的投资感兴趣。当一名雇员在谈判前就同意接受一份工作，或者一个交易方在谈判前就同意接受长期的独家经营期，这可能意味着它们的力所不能及或别无选择，而不是对机会的积极承诺。谈判中的每一种行为都可以用多种方式进行解读，同样的善意行为，比如为了更大的利益而做出让步，可以被解读为善良、明智、绝望或愚蠢。

研究表明，为了达到谈判的最佳效果，要使对方尽可能地以自己的有益行动来回报你的让步，并使对方将你的让步行为解读为善良与明智。[1]然而不幸的是，对方有十足的动机将你的让步行为解读为恶意、绝望、非理性或者无能，尤其是当双方处在谈判的艰难期或激烈冲突时。对此，高明的谈判者会竭力掌控别人对他让步行为所做的归因分析。比如，在同意一个长期的独家经营期之前，交易方可能会提及或暗示自己有其他选择，以免显得自己是孤注一掷，并解释说，之所以接受较长时间的独家经营期，是因为"我们

1　马丹·M.皮鲁特拉、迪帕克·马哈拉、J.基思·穆尼根：《信任的归因和互惠演算》，《实验社会心理学杂志》39(2003):448-455。doi:10.1016/s0022-1031(03)00015-5。

理解你们在进入讨论时所面临的独特风险",从而进一步表明你的同理心和能力。简单地说,为了促成互惠协议的达成,仅仅做出让步是远远不够的,你往往需要主动为自己的让步贴上合理的标签;也就是说,要务必使对方正确理解你行动的理由,而不是仓促定论。此时,你需要在适当的情景用适当的方式传递出这样的信息:你的选择代价高昂,但之所以这样做,是因为你相信,双方都能明白相互合作所带来的益处。

在《老友记》片酬谈判案例中,大家似乎对大卫·修蒙的牺牲行为做出了正确的归因分析。他的朋友,剧中联合主演麦特特·勒布朗(Matt LeBlanc)(剧中饰演"乔伊")后来回忆道:

> 当时,修蒙的片酬是演员中最高的。他是剧中的故事主线——罗斯和瑞琪儿这一对儿。他本可以比任何人都能拿到更高的片酬……他是否知道我们大家组成一个团队后,最终会更有价值?这我不知道,但我认为这就是他的真诚姿态。我一直这么说,这就是他。[1]

给你所做出的让步贴上合理的标签。否则,即使是真正的善意之举和明智行为,也会被解读为软弱或无能。掌控别人对你让步行为的归因分析,确保你的行为被解读为鼓励互惠共赢而不是剥削榨取。

---

[1] 沃伦·利特尔菲尔德:《与这样的朋友在一起》,载《名利场》2012年5月。

如果一个破坏性的谈判格局已是积重难返，那就给你未来的让步贴上标签

在本书前面的章节里，我们已经讨论过，如果存在对你方不利的谈判框架，那么就尽快重新架构框架，这一点非常重要。显然，你越早向一个不利于自己的谈判框架挑战，就越早能达到你想要的结果。不过，尽快行动的另一个原因在于，未经挑战的不利谈判框架持续时间越长，对其进行改变的难度就越大。例如，在劳资关系谈判中，如果一个有争议的谈判框架已持续存在了几十年，而且每次开启谈判之时，资方都提出停摆（如美国国家冰球联盟），那么改变这种谈判格局的难度就相当大；即使各方都想改善劳资关系，资方也不会轻易决定停摆。如果你过去连续5次在谈判桌上都表现得气势汹汹，你这次善意地决定进行更加友好的谈判，实际上反而会被对方认为，这是一种绝望的表现。双方争执的时间越长，就越难消停，如有一方中途罢手，就会被视为软弱。类似这样的情形，时常发生在政治生活中，可悲的是，在个人关系中也屡见不鲜。每当其中一方软化立场时，另一方就乘虚而入。

对此，解决办法之一就是，给你所做出的让步贴上标签，让对方知悉你的让步是基于对双方长期关系的关心，并非因为软弱。但是，如果双方持续较量的格局已坚不可摧，或者"弱肉强食"的格局已持续多年，那么你的标签可能不会即刻得到别人的信任。在激烈的谈判较量中，你可能无法说服对方你实际上是

"强大而友善"的，因为对方以前从未见过你同时表现出这两种特质。从他们的角度来看，只有当你处于弱势的时候，才会表现得如此"善良"。

在此情况下，给你未来的让步贴上标签有时效果会更佳。例如，你在谈判桌上的表现，比你现在所设想做的，更加具有攻击性，那是因为，若非如此将被对方视为软弱；但你提出了一条通往未来合作的道路，并让对方明白，如果他们愿意与你合作并为之创造必要的条件，你愿意在下一次谈判中表现得不一样。双方可以就这些必要的条件达成一致意见，即从谈判伊始，双方都不要采取那么强势逼人的态度，不要利用媒体来攻击对方；一方做出的让步，对方要及时做出回应，或者说双方都要尽量避免采用不信任或攻击性的方式，来回应对方的善意。简单地讲，你今天做出的让步，可能无法被贴上标签，但对于你尚未做出的让步，可能更容易被贴上标签。

> 如果一个具有破坏性的谈判格局已积重难返，那么就给你未来的让步贴上标签吧。

维护好你的信誉，有时，它将是筹码的唯一来源

正如我们刚刚所讨论的那样，并非在所有的谈判中，你都能轻而易举地给自己所做出的让步贴上标签，以此表明你对流程的承

诺，并且该流程对每个人都更有益。你可能无法像大卫·修蒙那样，选择首先做出牺牲，而别人也无法像《老友记》的演员们信任修蒙那样来信任你，相信你说服大家的动机和理由。但根据我的经验，有一种方式可以表明你对所有谈判流程的承诺，那就是即使代价巨大，也始终信守诺言。最优秀的交易商和外交官，只要是他们做出的承诺和保证，事无巨细，都会慎重对待，而且一言九鼎。这不仅是正确的处世之道，而且是强有力的交易达成工具。特别是在艰难棘手、旷日持久的冲突中，谈判本身可能被认为是有风险的，甚至是毫无用处的。此时，你能把另一方请到谈判桌上来的唯一筹码，通常就是你的信誉。而一旦你坐到了谈判桌上，不信任往往成为推进谈判进程所需的"互谅互让"的最大障碍。因为任何一方所做出的诸多让步承诺，都无法立即兑现，如公平待遇、权力分享、未来利益等，所有这些都必须以信任为前提。如果你没有建立起可靠的信誉，你就不适合谈判这类协议。

有趣的是，无论是大小交易，人们通常不会因为一次突然的背信弃义而失去信誉。相反，随着时间的推移，随着对方逐渐了解到我们并不总是自始至终坚守承诺，信誉就会慢慢地被消磨掉。有时，我们会基于不完整的信息得出武断的结论；有时，也许是过于仓促，我们似乎忘记了已经做出的一些保证。由此带来的后果是，当你诚实地告诉别人"我无法做到……"时，别人却不再相信你，因为在几周或几个月前，你曾经说过同样的话，质疑你只是因为事情突然变得有价值，所以才会故技重演。我经常提醒我的学生和客户：总有一天，你在谈判中的唯一筹码便是你的信誉。不幸的是，信誉是无价之宝,却常常被随意挥霍损耗。

> 信誉常常会一点一点地被磨蚀掉。
> 大小承诺,只有信守,才能维护你的良好信誉。

第二部分内容小结：流程力

- 制定谈判流程策略。
- 不仅仅为谈判流程制定策略，还要谋划实施过程。
- 做谈判室里准备最充分的人。
- 先敲定谈判流程，再启动实质谈判（谋定而后动）。
- 在谈判流程上，与对方同向同行。
- 寻求谈判流程的公开明了和承诺保证。
- 规范流程，并支持对方为你规范流程。
- 即使对方拒绝公开和承诺谈判流程，也是有信息价值的。
- 寻求在内容上清楚明白且毫不含糊，在形式上由本人亲自做出公开透明的承诺。
- 在因对方违反流程而退出谈判之前，须得评估对方的观点和可能带来的所有后果，并提议可行的补救措施。
- 承诺遵守一个非常严格的流程，并不总是可能的或可取的。
- 维护前行动力。追求短期利益将如何影响未来的合作？
- 达成一致共识有其优点，但如果赋予各方以否决权，就会降低达成协议的可能性。
- 充分共识有助于维护前行的动力，并限制了在个别问题上的"人质劫持"。

- 对个别问题的进展，保持低标准，但对最终协议的批准，保持高门槛。
- "事事商定，万事达成"（命运与共）。
- 透明度会扼杀谈判进程。允许闭门谈判，给予谈判者足够的隐私空间；然后对于最终的协议，给予支持者发言权。
- 即使在谈判成功之后，也要创建渠道和流程，以应对残余的和潜在的冲突。
- 留在谈判桌上，尤其是在谈判失败之后。
- 不为刀俎，便为鱼肉。
- 当你不在谈判桌上时，为了获取筹码，可以通过帮助推销协议，以为对方赢得支持者，或在其他方面创造价值。
- 在和平时期，要留意对维持和平的投入不足的倾向。
- 或因准备不足，或因追求完美流程，或因渴望过高的灵活性，使得流程陷入困境。
- 要想摆脱困境，就要达成一个可以修改的流程，或者让流程谈判与实质谈判双管齐下、并驾齐驱。
- 为争夺筹码与合法性，流程谈判会演变成为"代理人"战争。
- 如果你尽早对流程中的不公平性进行了反击，那么在抵制实质上的不公平要求时就更容易。
- 在坚持原则之时，要寻求平等而不是优势，并解决受你的立场影响的所有实质性关切。
- 成为建立正确流程的第一个行动者：构建未来合作条款。

- 你愿意为支持谈判流程而承担成本，这是你信守承诺的一个可靠信号。
- 给你做出的让步贴上标签。
- 如果破坏性的谈判格局已积重难返，那就给你未来的让步贴上标签吧。
- 无论大小承诺，只有信守，才能维护你良好的信誉。

3 — 同理心

> 我认为,无论你与何人相处,相互理解是最重要的。即使是那些无法理解之事,你也要竭尽全力。

——拉赫达尔·拉希米
Lakhdar Brahimi

13
同理心

古巴导弹危机谈判

  1962年10月16日，当美国U-2侦察机在古巴上空执行侦察任务时，发现了不明建筑物，后来被证实为能够发射核武器的导弹发射场，是在苏联帮助下建造而成的。如果仅仅是在古巴附近存在导弹发射场，这一点既不令人意外，也不会产生多大问题。但因为这些发射场具有两个"特别"显著的特征，引起了美国政府的"特别"关注。一是它们能够发射攻击性导弹，而且瞄准目标正是美国本土。[1]二是这些导弹均能够携带核弹头。凑巧的是，在此之前，无论是在公开场合还是私下会晤，苏联政府都曾郑重承诺并保证，不会在古巴境内部署能够携带核武器的攻击性导弹。现在看来，很显然，苏联政府的这些保证只不过是一个幌子，其目的是推迟导弹发射场被发现的时间。由此便在美国引发了众所周知的"古巴导弹危

---

[1] 简单地说，防御性导弹（"地对空"）可以用来防御美国的攻击；进攻性导弹（"地对地"）可以用来发起或报复针对美国本土的攻击。

机"事件。[1]

随着冲突不断升级，比起以往历史上的任何时候，世界都越来越接近核战争的边缘。10月18日，美国总统约翰·肯尼迪（John F. Kennedy，JFK）组建了一个总统幕僚机构，后来被称为美国总统执行委员会（ExComm）（以下简称执委会），通过召开秘密会议，评估提出应对此次威胁的解决方案。该委员会由十几个人组成，其中包括参谋长联席会议（Joint Chiefs of Staff）主席、国防部长、国务卿、国家安全顾问、中央情报局局长，以及司法部部长罗伯特·肯尼迪（Robert Kennedy），他也是约翰·肯尼迪总统的弟弟。

早些时候，美国很明显对此的回应有两个主要方案。第一种方案，我们称之为"攻击策略"，即立即对古巴实施空袭，以摧毁新生的导弹发射场，随后准备入侵古巴领土。第二种方案，我们称之为"审慎策略"，即对古巴实施军事封锁，以阻止更多的军事装备被运送至古巴，同时通过外交手段，寻求在南美洲和联合国建立联盟；在此方案中，军事进攻列入迫不得已的最后选项。两种方案都有理有据，但都极具风险。讨论表明，对于哪种方案更有可能导致美苏之间的冲突进一步升级，执委会各成员各持己见，未能达成一致意见。

在执委会讨论初期，几乎所有人都支持攻击策略，罗伯特·肯尼迪是为数不多的反对者之一。他认为一旦出兵，就立马限制了双方下一步的战略选择，实施此策略的风险太高。他还认为，对于

---

[1] 对古巴导弹危机的进一步研究有许多资料来源，可以参见此链接：http://microsites.jfklibrary.org/cmc/。

像美国这样的超级大国，如果单方面先发制人地攻击古巴这样一个小国，必将引发强烈的道德争议。在随后的几天里，形势发生了改变，执委会大多数成员得出了一个结论，认为审慎策略更胜一筹。从历史的角度来看，几乎所有人都认为，从攻击策略到审慎策略的转变是明智的。原因在于，自1962年以来，我们对当时在苏联和古巴所发生的事情都了如指掌，几乎每一个新的信息都充分表明，攻击策略（无论是空袭还是陆地入侵）所带来的破坏力，会远远超出执委会的想象。换句话说，执委会所做出的每一种不正确的假定都犯了同样的错误：他们低估了军事进攻会加剧风险升级。比如，执委会当时预估在古巴的苏联士兵约有1万名，而实际上已超过4万名。想想看，如果出现这样一种可能性，美国最终杀死了这么多苏联士兵，那么苏联必将为此进行报复。另外，执委会认为古巴虽有导弹，但还没有交付核弹头；而事实却是，古巴境内已储备有核弹头，而且核武库里甚至也存放有"战术性"核武器，完全可能将其用于抵御入侵部队。最后，执委会当时坚持这样一种信念，即如果没有当时苏联最高领导人（Soviet Premier）尼基塔·赫鲁晓夫（Nikita Khrushchev）的明确授权，古巴就不能发射苏联的核武器；而事实上，在古巴的苏联指挥官有权酌情使用核武器，古巴领导人菲德尔·卡斯特罗（Fidel Castro）已经决定，如果发生军事入侵，就必然会使用核武器。作为执委会成员之一的美国国防部部长罗伯特·麦克纳马拉（Robert McNamara）后来解释了其政策中的隐含意思："没有人会相信，如果美国军队遭受到战术核弹头的攻击，美国政府将会克制使用核弹头进行回击。那么这场冲突将在

'哪里'结束呢？必然是在彻底的灾难之中。"[1]

如果从一开始就选择审慎策略，灾难或许就完全可以避免。但选择外交手段绝非灵丹妙药，仅仅因为选择攻击策略会带来不堪承受的后果，所以才选择了谈判。但谈判也并不意味着就能达成协议，特别是当谈判处在各种不利因素阴影下时，如时间压力、令人无把握的局面、彼此缺乏信任，以及根深蒂固的敌对情绪等。在没有人愿意或能够做出让步的情况之下，你将如何应对谈判？在一次次的战术拖延和失误将你一步步逼向核战争的边缘时，你又将如何处理谈判？

拿下不可能的谈判

美国没有在军事进攻上先发制人，而是出于政治和战略方面的考虑，对古巴实施了一系列的海上封锁，美其名曰"隔离"。然后，在越来越多的盟友支持配合下，以及在军事冲突日益升级的威胁下，美国政府开始逐步向苏联当局施加压力，并要求其通过谈判结束此次危机。美国人可以接受的结果是，苏联拆除在古巴的导弹基地，并将导弹从古巴运走。美国如何才能说服苏联做出这样的妥协呢？尤其是当苏联和古巴愿意为了维持军事优势，甘愿承担严重风险的时候，而美国迄今为止的态度是既不愿意使冲突升级加剧，也不愿意放弃过度使用武力。

---

[1] 劳伦斯·张、彼得·科恩布鲁编辑：《1962年古巴导弹危机：国家安全档案文档读者》（第二版），新出版社1998年版，摘自罗伯特·麦克纳马拉撰写的前言。

那么，要解决此次导弹危机，关键不是要采取一种与最初所设想的完全不同的方法，而是要从一个完全不同的视角来看待本次冲突的起因。其中的差异体现就是，肯尼迪总统愿意站在赫鲁晓夫的角度去思考问题，并认真地调查了苏联为何不惜冒着引发战争的风险，将核武器转运至古巴的真正原因。事实证明，的确有诸多原因所在。那么，充分理解这些原因，无疑对解决此次危机是至关重要的。

那就尝试站在苏联的立场思考一下这个问题吧。第一，在与苏联靠近的土耳其和意大利两国，美国早已部署了核导弹发射基地，这些并不亚于古巴的导弹发射基地对美国造成的威慑力。第二，当时美苏之间存在着明显的"导弹鸿沟"，美国的核能力（导弹、轰炸机和核弹头的数量），遥遥领先于苏联，两国完全不是同一个重量级别；[1]而且，美国的核武库技术也更先进。第三，最大的问题是，当时苏联核武库中缺乏在战争中能直达美国本土的洲际弹道导弹，虽然苏联人有信心在几年内攻克这一难题，但与此同时，苏联政府认为，当前迫切需要一种短程导弹形式的核威慑，而且就得部署在美国附近，以解受核导弹威慑之忧。最后，还有一个堪忧的问题是，美国中情局（CIA）不断策划暗杀古巴最高领导人菲德尔·卡斯特罗，并意图推翻其领导的古巴政府，这一点让苏联和古巴感到极其不爽。

---

[1] 具有讽刺意味的是，在1960年竞选总统时，肯尼迪曾指出"导弹差距"是美苏两国间的一个重要问题。然而，他暗示美国在核能力方面比较落后，他将致力于恢复与苏联的平等地位。显然，虽然肯尼迪总统和苏联都承认美国的核能力实际上远远领先于苏联，但两国都没有从这种承认中得到任何益处。

理解这些观点，对于结束此次危机大有裨益，但即便如此，前进的道路也并非一帆风顺。在接下来的日子里，随着公共外交与私人外交的逐步进行，在巨大的不确定因素下，发生了多次危机，做出了许多决定。有一次，在不清楚一艘苏联潜艇是否为核潜艇的情况下，美国军方居然向其投掷了深水炸弹，迫使其浮出水面，差点儿触发了双方之前的协议，导致苏联潜艇可以武装开火。在危机期间，菲德尔·卡斯特罗曾一度陷入绝望，以至于给赫鲁晓夫写信，提议对美国进行先发制人的核攻击，好在赫鲁晓夫理智地忽略了这项提议。

　　尽管苏联投入了重要的（但有限的）军事资产，导弹基地也已经投入了使用，但最终使冲突得以解决的是谈判达成的协议，而非军事反击。该协议的主要内容如下：在接下来的一个月里，苏联在联合国的监督下全部移除在古巴境内的导弹设施。作为交换，美国将终止对古巴的隔离，并做出两项承诺：一是承诺"不会入侵"古巴；二是承诺移除部署在土耳其和意大利境内的导弹。关于第二点承诺至关重要，因为苏联认为这些导弹对其具有威慑力，但中间出现了意外波折。因为美国人担心自己做出的最后让步，会被视为软弱无能，于是要求将此作为协议的秘密内容，秘而不宣，于是赫鲁晓夫被告知，如果他公开宣布美国在导弹问题上做出了让步，美国将不再可能贯彻执行协议内容。换句话说，如果赫鲁晓夫不对外宣布获得此方面的谈判胜利，那么他将能够得到一份满意的协议；如果出现僵局，就可能发生核对抗，协议达成的天平就会发生倾斜。赫鲁晓夫同意了美国的要求。

古巴导弹危机后的第二年，美国撤走了它在土耳其和意大利部署的导弹，但不久之后的1964年10月，赫鲁晓夫也很快就下台了，这也是为什么人们认为是美国"赢得"了这场对峙。仅仅几十年后，美国才公开承认，肯尼迪实际上提出了一个交换条件，以美国移除导弹换取苏联移除导弹。

同理心为你创造更多选择

如果不是因为肯尼迪总统有能力和意愿从赫鲁晓夫的角度来思考冲突，本次危机能否成功化解，还真是难以想象。[1]从当时美国的角度来看，显而易见，苏联为了获取军事优势未透露真相。

但从谈判的角度来看，更为重要的考量始终是：对方如何看待自己的所作所为？事实上，如果肯尼迪没有站在苏联的立场，去竭力思考苏联认为自己行为正当的原因，那么，估计他连尝试外交手段的愿望都没有，更别提用谈判来解决危机了。而一旦开启了谈判，也只有美国理解了苏联的真正动机和关切，才可能找到解决危机之道。这正是同理心的力量。

有人错误地认为，同理心只是当你想做好人时才使用的，或者说它就是弱者的一种工具。这反映了一种认识理解上的缺陷，暗藏危险。对谈判者来说，与对手感同身受，从某种程度上来讲，不是因为想用某种"友善的""大度的"或"开明的"方式，与危险

---

1 此言也可以这么说，赫鲁晓夫愿意理解和尊重肯尼迪的限制条件。

的对手打交道。我们需要换位思考,因为这样方能使我们知己知彼,百战不殆。比如,在古巴导弹危机案例中,假若肯尼迪总统没有与赫鲁晓夫进行换位思考,并充分理解对方的想法与感受,那么通过谈判解决危机几乎是不可能的,也是无法想象的,除非肯尼迪总统承认,苏联人合理地感受到了美国在土耳其和意大利部署导弹对他们所造成的威胁,移除这些导弹,对解决冲突是至关重要的,否则,根本不值得考虑让步。如果对方这样做的真正原因是恶意的或非理性的,那为什么还要做出这样的让步呢?

在各类谈判中,你的同理心越强,你就越能尽力仔细地去理解对方的各种动机、利益和局限,也就会有更多的选择来潜在地解决争端或打破僵局。换句话说,当你具有同理心时,你不是在帮别人一个忙,而是在帮自己一个忙。如果因老板拒绝了我们的加薪请求,你就立即认为他是冷酷无情的;如果因商业伙伴提出过分要求,你就轻易认为他是贪得无厌的;如果政治对手与你存在意见分歧,你就很快给它贴上邪恶或恶意的标签。如此这般,我们可能真的是在作茧自缚,限制自身选择了。因为你的老板或许真有难言之隐;你的商业伙伴或许真认为自己的要求合情合理,一点儿也不过分;你的政治对手或许自信地认为,他们所做之事都是为了国家的利益。当我们不能换位思考,深入探索了解对方的想法时,就不太可能缓和冲突,力求找到共同利益点,携手解决核心问题;或者也不太可能创造性地思考提出有效的解决之道,以满足双方的利益。当你致力于解决冲突和达成协议时,同理心能为你拓展更多的选择路径。同理心虽不能保证你成功,但缺乏同理心,通常意味着保证你失败。

> 在解决冲突时，同理心为你提供了更多的选择路径。你越是了解对方的想法，你就越有可能找到解决问题的办法。

最需要同理心之人，乃是最不值得同情之人

我们中的大多数人都认为自己是比较善解人意和富有同情心的，但当我们与那些做了令人生厌或费解之事的人打交道时，却并没有做到如此。然而，这些恰恰是最需要同理心的情况。你已经非常了解你的朋友了；但是，只有充分了解你的敌人，才是解决冲突的关键所在。

切忌将同理心与同情心混为一谈，这一点极为重要。同理心的目的是理解某人做出某种行为的原因，并不意味着必须认同他们的目标或行为，毕竟为对方的行为做出解释和为其辩护是截然不同的。如果我们选择了与对方以礼相待，而不是兵戎相见，也许到那时，无论我们认为对方的所作所为有多么不恰当，也得设法理解他们之所以这么做的理由。当你在处理艰难的谈判和激烈的冲突时，虽没有必要同意对方的观点，但理解对方是至关重要的。

在反思子孙后代可能从古巴导弹危机中学习到什么时，罗伯特·肯尼迪不仅阐述了同理心的重要作用，还强调了考虑对方关切的重要性：

古巴导弹危机的最终启示，是让我们懂得了站在对方国家的立场上思考问题的重要性。在危机期间，面对赫鲁晓夫或俄国人，肯尼迪总统花费了大量的时间来研究，某一个特定的行动方案可能会给对方带来的影响，而且他在此方面的投入，远比其他阶段要多得多。而他考量的标准是，竭力不要让赫鲁晓夫丢脸，也不要让苏联蒙羞。[1]

> 对于那些看起来最不值得同情的人来说，最需要的是同理心。因为他们的行为越是令人难以忍受，理解他们的潜在好处就越大。

创建缓冲

在古巴导弹危机处于剑拔弩张之时，在美国对古巴实施隔离措施后不久，一艘苏联船只靠近了拦截线。当时，肯尼迪听从了一位执委会成员的建议，指出隔离线的指令可能还没有被传达给船上的船员，于是决定不拦截这艘船只，并让其通过。他的想法是，也许给对方一些时间来思考和了解他们的行动后果，这样做效果会更好。同样，在危机期间，一架美国U-2侦察机在古巴上空被苏联导弹击落之前，执委会就已经决定，任何此类袭击行动都将导致美国立即发动军事攻击。美国国防部部长麦克纳马拉表示："向美国人开火这样的行为，就代表苏联人决定将冲突升级。因此，在我们派

---

[1] 罗伯特·肯尼迪：《十三天：古巴导弹危机回忆录》，诺顿出版社，1969年版，第95页。

出U-2侦察机之前，曾达成一致意见，如果它被击落，我们不会为了谈判而会晤，因为我们会直接发动军事攻击。"[1]然而，当一架侦察机真的被击落时，对于军事领导人立即进行军事打击的提议，肯尼迪总统直接不予理睬。肯尼迪总统的理由是，这可能是一个意外。因为在局势如此紧张的时候，赫鲁晓夫不可能下令进行这样的袭击。也许对于对方最坏的意图，最好不要过快地做出假定。事实证明，肯尼迪的想法是正确的，攻击命令的确不是由赫鲁晓夫下达的。

为了减少冲突不断升级的风险，一个有效的方法就是给报复行为留下缓冲空间。与其在某人推你的那一刻就抡拳回击，不如先弄清楚这人是否真的在推，是不是故意的，以及推你的原因。如果你的对手不停地推撞你，或者你确定他的行为是存心且不怀好意的，那么你在身体上回击可能就是合适的（当然，尽管还有其他选择）。一般来说，根据具体情况来拟定反击方案很管用，但是留有余地以供酌情处理也很重要。在危机期间，肯尼迪总统不仅尚且相信对方，而且确保对方明白哪些界限是不能逾越的，从而减少了因错误或误解而导致冲突升级的可能性。相反，如果肯尼迪总统坚持要进行报复，哪怕是在对方仅有的一次越轨行为后，那么冲突极有可能会升级到非常危险的程度，战争可能会一触即发。

> 要创建缓冲。如果你的报复计谋忽略了自身犯错误或误解对方的可能性，那么由此产生的弊端将导致冲突不断升级。

---

1 罗伯特·麦克纳马拉，补充采访，《奇爱博士：我如何学会停止恐惧并爱上炸弹》，1964年，第40周年纪念发行版，哥伦比亚三星家庭娱乐公司，2004年发行，DVD。

战略灵活性与可信度

　　缓冲并非不会付出代价。在冲突体系中，双方缓冲余地越大，如果你选择不实施报复，你就越有可能被视为无能，或者优柔寡断；如果对方心怀不轨或投机取巧，可能就会变本加厉地向你发起更大的攻击。从根本上来讲，在战略灵活性和可信度之间，你需要做出权衡取舍。为了追求战略上的灵活变通，肯尼迪总统每次都冒着失信于民的风险，姑且相信苏联。

　　可信度，指的是他人相信自己会信守承诺的程度，从而帮助自己说服他人采取适当的行为。战略灵活性，指的是如果发现自己之前坚持的承诺似乎不妥，可以选择变通策略，以助于决策时做出最明智的选择。我们通常希望自己能尽可能地既坚守承诺又能灵活变通。然而，我们在战略灵活性方面的投入越多，可信度就会越低，反之亦然。比如，公开承诺某项战略可能会增加你的可信度，但同时又会降低你的灵活性，使你无路可退。私下的承诺灵活性会更大，但也表明其可信度较低。

> 通常情况下，
> 你总是要在保持战略灵活性和维护信誉之间做出权衡。

避免作茧自缚

有时，如果履行之前自己的承诺，如最后期限或最后通牒，其后果将不堪设想，那么你会觉得即使失去点儿信誉也在所不惜。在其他情况下，即使代价高昂，你可能会决定必须坚守自己的诺言。根据我的经验，虽然不可能完全避免在战略灵活性和可信度之间做出权衡，但在一定程度上还是可以明智地进行应对。如果你能遵循一条简单的规则，许多类似的冲突都可以与你擦肩而过：如果你不打算执行最后通牒，就不要轻易发出；如果没有最后通牒也能实现你的目标，就绝对不要发出。换言之，在可能的情况下，若非必要之时，切忌使用最后通牒，否则你将会作茧自缚。

> 除非你打算执行最后通牒，否则就不要轻易发出。即便如此，在不牺牲战略灵活性的前提下，也要寻求其他影响力手段。

不要强迫对方在理智决定与保全面子之间做选择

在谈判桌的另一方，也存在同样的问题：是维持自身的可信度，还是明智地实施灵活变通策略？他们必须努力找到两者之间的平衡点。这就是为什么从肯尼迪的角度来看，真正的风险不在于赫鲁晓夫是怎样的人，而在于当退让或示弱成为我们唯一的选择时，那些聪明而又善良的人却陷入了必须战斗的陷阱。因此，肯尼迪战略的主要指导思想是，竭力不将赫鲁晓夫置于左右为难的境地，必须在迎战与退缩两条路中做出选择。正如罗伯特·肯尼迪在他的关于危机的回忆录中所写：

我们都承认，任何一方都不想因古巴问题而发生战争，但双方都有可能基于自身"国家安全""民族尊严"或"顾全面子"等原因而采取适当行动，促使对方做出反应。反过来，同样是出于如安全、尊严或面子等原因，如果采取行动，必将引发反击，甚至最终升级为武装冲突。这正是肯尼迪总统想要竭力避免发生的……不要误判，或误估，或不必要地挑衅对方，也不要鲁莽地迫使对方采取行动，而对方对此却毫无预期。[1]

> 不要强迫人们在聪明行事和顾全面子之间做选择。

当心知识的诅咒

危机发生几天之后，一旦决定采用审慎策略，肯尼迪总统就必须向国会领导人发表演说，介绍在古巴发现的最新情况，以及美国计划采取的应对措施。但是会议进行得并不顺利，国会议员们抨击总统的战略不够充分，太懦弱无能，而且可能会助长苏联进一步加

---

[1] 罗伯特·肯尼迪：《十三天：古巴导弹危机回忆录》，诺顿出版社1969年版，第49页。

强攻击。总统和他的幕僚们对这种反应表示充分理解，但也感到惴惴不安；大多数人认为国会议员们提出的想法幼稚可笑、目光短浅，而且缺乏人道，其中罗伯特·肯尼迪的感觉尤为强烈。对此，肯尼迪总统对他弟弟所说的一席话，让我觉得是对总统人格的最真实的写照。罗伯特·肯尼迪这样回忆道：

在与国会领导人的会议结束后，他非常沮丧。但当我们稍后再次讨论这个问题时，他却处乱不惊地指出："虽然国会领导人对我们所作所为的反应比他更加激进，但与我们上周二听到苏联部署导弹消息时的第一反应相比，完全不相上下。"[1]

正如肯尼迪所指出的那样，执委会成员们花费了很多天，静下心来闭门就危机事件进行深入思考，多次开展辩论，不断调整变换策略，甚至熬更守夜，努力为应对错综复杂的局面而做出看似简单的抉择。正是经过这番努力，才最终得出结论，"攻击策略"是不明智的，而"审慎策略"虽不尽完美，但相比之下不失为一个上乘之策，也就是两害相权取其轻。肯尼迪总统要他弟弟思考一个问题：我们花了那么多天才达到的目标，又怎么能指望国会在一天内就达到呢？尽管肯尼迪总统对国会的反应心存担忧，但他仍旧提醒自己的弟弟，我们不应该要求国会所能达到的理解认识的高度，比我们自己所能达到的还要高。

---

1 罗伯特·肯尼迪：《十三天：古巴导弹危机回忆录》，诺顿出版社1969年版，第43页。

肯尼迪总统所诠释的，正是社会学家所说的"知识的诅咒"这一概念。"知识的诅咒"描述了以下现象：一旦我们懂得了某些知识，就很难理解不懂时的感觉；也就是说，一旦我们学会了某些知识，或得出了某个结论，我们似乎就失去了一种能力：再也无法理解自己学习之前的心态；尽管未学之前，我们也是那些对此一无所知的人。即使对于那些道德高尚和善良的人而言，这个"诅咒"也会使他们的不懈努力偏离正轨。比如，力图激励孩子的父母、全心教书育人的教师、尽力鼓舞士气的领导者，以及努力说服对方的谈判者。在所有这些领域中，当我们在行事时，忘记了对自己而言显而易见的，而对他人而言却可能如堕烟海般，这将无利于自己，同时这也并不意味着是他人的错。

> 当心知识的诅咒。一旦我们懂得了某些知识，就很难理解不懂知识时的感觉。

不要只是准备你的论点，还要考虑听众

"知识的诅咒"让我们明白，无论你是交易方还是外交官，都不应该只是为了能够赢得谈判胜利，单单带着已准备好的材料走进谈判室。我们还必须让听众为我们的辩论做好准备。在让他们接受我们的论点和立场之前，我们要学会深入思考他们需要看到什么、感受到什么、体会到什么、理解到什么。即便是最伟大的辩论、最

好的建议和最睿智的想法，如果我们无法使对方倾听到、领悟到和评价到，那么也将竹篮打水一场空。

> 不仅要准备好你的论点，还要考虑到你的听众。

每年，哈佛大学谈判项目组都会举办一次"卓越谈判专家奖"的颁奖活动。获奖者从外交官到公司经纪人，甚至包括艺术家。在颁奖活动当天的问答环节中，获奖者不可避免地会被要求回答这个问题：一名卓越的谈判专家应该具备什么样的特质？在听了十几位获奖者对此问题的回答后，有一点初见端倪，这些曾多次在不同文化背景下成功进行谈判的获奖者，都以某种形式反复提到一个共同的特质：同理心。显然，无论你是在商业协议、种族冲突、工作机会、配偶纠纷，还是国际贸易协议等的谈判中，你都必须竭力理解他人是如何看待这种情况的，这一点至关重要。

通过深入探索了解对方的观点，并站在对方的立场思考问题，我们能进一步拓宽选择路径，以帮助缓解冲突和达成彼此都能接受的结果，但前路并非总是一帆风顺。有时，对方的行为的确居心叵测，而与此同时，你的处境却岌岌可危、日益恶化。那么，同理心该如何助你摆脱困境呢？在下一章中，我们将针对这种情况，看看同理心是如何在谈判中创造奇迹、峰回路转的。

14
运用同理心

从2.8工作节点说起

我在给一家总部位于美国的科技企业客户提供帮助，该企业正与某国的一家公司谈判签署一项《商业协议》（CA）。[1]事实上，在我参与谈判的前一年，这两家公司就已经签署了一份与此不同的协议，即《联合开发协议》（JDA）。根据《联合开发协议》条款，这家合作公司将为美国公司技术的进一步开发和测试提供资金，同时为该产品设计生产制造设备。作为回报，美国公司将让合作公司及早获得该产品，同时与合作的工程师们合作，以帮助他们最终与我们签订《商业协议》做好准备。虽然没有明文规定双方必须签署《商业协议》，但双方都看到了彼此合作所能带来的丰厚利润。

《联合开发协议》类似于一个工作路线图，设定了诸多工作节

---

[1] 为了不暴露相关人员和公司的信息，这个案例的一些细节已被更改，但是故事的本质和相关的启示教训并没有任何改变。

点,每个工作节点都详细描述了一方或双方的具体职责,如提供数据支撑、共享未来设想、按时支付款项等。当完成了一个工作节点所规定的任务之后,双方都将签字以示确认其完成,然后继续进入下一个工作节点。一切都进展顺利,直到突然间发生了意外状况。问题出现在2.8工作节点,合作公司突然拒绝签字确认。这个节点要求我方在7月底之前,完成产品效率和耐用性等10次测试,并向合作公司报告测试结果。我方按时完成了产品测试,而且结果显示非常好,测试中的前9次,结果都明显"高于标准",然而在第十次测试中,结果却略低于了我方设定的水平,但不足以对产品产生任何实质性的影响。在此之前,虽然节点目标任务的完成与要求标准相距更远,但双方都还是接受了,所以这次应该就是一个简单的签字确认。正常情况下,《联合开发协议》的稍许延迟或暂时中断,并不应该视为一个问题。然而,在此案例中,合作公司不愿意立即签字,对我的客户而言,却是一个严重关切的问题。这是因为几个月前,为了给公司筹集额外资金,我的客户与风险投资商(VCs)进行了谈判,客户同意在双方合同条款清单上包含一项相当特殊的条款。当时一家风险投资商担心,客户要求20亿美元的高额估值,在很大程度上来说取决于该公司的发展是否一切顺利,以及产品是否如期上市。如何让风险投资商们深信公司在未来两年的发展会一帆风顺呢?为了兼顾双方的利益,同时也为了顾及双方的感受,于是客户与风险投资商达成了以下协议:在未来几个月内,如果公司沿着发展轨道正常有序运行,那么就给公司追加20亿美元的投资,否则就削减至10亿美元,但这完全取决于在9月底之前,合作公司是否签字确认2.8工作节点。换句话说，只有合作公司完成了2.8工作节点的签字，另外10亿美元的追加投资才会到位。

现在是8月的第一周，合作公司仍然拒绝签字确认2.8工作节点。当我方催促他们尽快签字确认时，他们告诉我方不必纠缠于《联合开发协议》的工作节点，而应着手敲定《商业协议》中的各项条款。他们辩称："毕竟，《商业协议》才是真正重要的。"当我方坚持主张时，然而他们的一句话让事情变得越来越糟："我们现在应暂时把2.8工作节点和《联合开发协议》搁置一边，开始就《商业协议》进行谈判；当我方与你方正式签署《商业协议》的同一天，我方也将在2.8工作节点上签字。"

请允许我澄清两点：第一，《联合开发协议》中的任一工作节点和《商业协议》之间毫无联系，之前的讨论也从没有将二者结合起来。为什么合作公司会突然对所有工作节点中的这一节点提出如此要求呢？第二，将2.8工作节点的签字确认与《商业协议》联系起来，就意味着合作公司将手握大量谈判筹码，从而可以轻易制衡我方。如果合作公司没有推迟2.8工作节点的签字，那么在利润丰厚的《商业协议》谈判时，我方则会始终占据着极为有利的优势地位。一是对于合作公司，我方没有做出任何有约束力的承诺；二是还有其他几家公司很有兴趣与我方合作；三是在目前这一合作关系中，合作公司已经投入了大量资金。当然，如果能与合作公司达成协议，我方更愿乐见其成，但如果不是因为2.8工作节点的签字问题，在《商业协议》谈判中，我方无疑会有大量的筹码来保障我方的经济利益和战略目标。现在，如果我方不同意合作公司的商业要求,他们就会推迟2.8工作节点的签字,他们手中所握的这张强大王牌,就相当于劫持了估值高达10亿美元的人质。

合作公司也许清楚他们手中所握筹码的分量,他们的行为表现仿佛也说明了这一点。可从我们的角度来看,我方与风险投资商签署的条款清单,合作公司是不可能会看到的,也没有人认为风险投资商会把信息透露给合作公司,虽然这在理论上是可能的。但是,在前几周与对方同行讨论有关事宜的过程中,我方人员会不会无意之中暗示了2.8工作节点的特殊重要性呢?或者是我方的谈判表现看起来太绝望了呢?当然,这是完全有可能的。现在我方处境极为不利,该如何是好呢?

无须借助金钱或权势

目前这种情况使得我方既焦虑不安,又愤懑不平。经过一年的真诚合作,我方的合作伙伴现在要以我方公司的估值为要挟,以逼迫我们在《商业协议》上做出让步。我方几乎没有多少选择,而且没有一个解决方案是完美的。

方案一:同意将重点放在《商业协议》上。我方可以应对方的要求开始谈判《商业协议》,并希望在9月底之前达成最终协议。在4~5周达成协议,当然是可能的,但同时也是有风险的,因为如果直到9月下旬,双方仍未达成协议,那么我方将不得不做出重大让步。

方案二:坦诚相见。也许我方是庸人自扰,错误地以为合作公司知道我方的估值问题,或误以为他们心怀叵测;或许因为对他们来说,此事本身无关紧要,只是在2.8工作节点上进展缓慢而已。如果是这样,就可向他们坦言告知我方与风险投资商之间的情况,并要求他们签署2.8工作节点,以免给我方带来麻烦。但这也是有风险的,或许对方公司原本没有恶意,一旦透露出我方急需签字的信息,说不定反而弄巧成拙,使得对方将其作为筹码。

方案三:强硬要求对方在2.8工作节点上签字。我方可以更加强势一些,威胁说如果他们不在2.8节点上签字,我方就退出《商业协议》谈判。由于此举意图过于明显,也是一个颇具风险的策略,而且对于维系双方关系而言,也代价高昂。此外,退出《商业协议》谈判,实际上并不能帮助我们解决投资贬值问题。

方案四:与风险投资商谈判。我方可以与风险投资商进行谈判,寻求从条款清单中删除贬值条款。我方可以据理力争地提出,贬值条款不再是衡量我方公司发展的一个好办法,反而可能会使公司蒙受损失。

方案一、二和三都有较大风险。于是我们推动落实方案四,但结果却并不如意。风险投资商对我们提出的问题表示理解,但仍未承诺更改估值条款。尽管如此,我们还是不断给风险投资商施加压力,在9月底出现不得已的情况时,希望他们能灵活变通些。我方谈判团队中的大多数人都认为,虽然我们"搭档"的行为令我们倍感沮丧,但彼此达成协议仍然是很值得的,我们应该采纳方案一:以乐观的态度,设法与对方公司达成《商业协议》。

但是,也许还有另一条路可以帮助我们摆脱困境。

在我看来，问题在于，我们并不十分清楚自己应该着手解决哪一个问题。换言之，我们仍不十分明白，对方公司为什么会拒绝在2.8工作节点上签字，当然，我们做出了两种合理的推测：（1）对方居心不良，想以此作为谈判筹码；（2）对方只是没有专注于落实《联合开发协议》，而是理所当然地认为是时候转向《商业协议》的谈判了。是否还有其他原因呢？在各种不同场合，我们曾多次尝试问过对方人员，为什么不能简单地给我们签字确认呢？但对方的回答总是有点儿模棱两可，而且即使将矛头指向第十次测试结果，也无法令人信服。因此，我们又尝试到别处寻找答案。我们邀请了来自我们自己公司的一些人来参与讨论，他们都曾与对方公司有过接触。大家集思广益，寻找原因。对于对方不愿意在2.8工作节点上签字的可能原因是什么呢？通过这种更为详尽的答案搜索，功夫不负有心人，另外两个我们之前尚未虑及的动因浮现了：

第一，真正的问题可能出在下一个工作节点上，即2.9。这个工作节点表明，一旦完成2.8，对方就会启动一个"时间表"。根据这个时间表，对方将有整整12个月的时间为我方的产品生产的制造设施做准备。有没有可能是因为对方的进度滞后于计划安排，因此推迟2.8工作节点的签字，以给2.9工作节点争取时间呢？如果对方的进度真落后于计划安排，这必将给他们的总工程师施加压力。顺便插一句，2.8工作节点的签字完成需要对方公司的3个人：公司总裁、一名董事会成员，以及总工程师。我们认为，总工程师会是向对方董事会汇报我方产品测试结果的人，他也可能是最不愿意给予批准签字的人。

第二，另一个可能的原因就是出在3.1工作节点上。这是一个有关款项支付的工作节点。鉴于2.9工作节点是自动签字确认，3.0工作节点的任务又能轻易完成，那么在2.8工作节点完成之后，将会迅速到达3.1工作节点。当任务进展到此节点时，对方将再次向我方支付200万美元的款项。对方在2.8工作节点上拖延时间，是否有可能是为了推迟支付这一笔款项呢？对方之前曾抱怨过，我方看起来财力十足，他们却不得不经常隔一段时间就要给我方开具支票，而在合作的商业协议上却没有任何保证。

我们不知道应该解决哪一个问题，而且对方也不会承认这两个动因之中的任何一个，因此，我们决定两个问题同时解决。但是，仅仅解决对方的所有问题是远远不够的。作为回报要求，我们还必须确保对方能迅速在2.8工作节点上签字。我们给对方提出了一条多管齐下的建议：（1）作为让步，我们将与对方一起修改款项支付条件和12个月的时间表，以弥补我们没有完全通过第十次测试的不足；（2）作为交换，对方应同意推迟《商业协议》谈判，直到在2.8工作节点上签字；（3）在9月15日之前，如果我们没有收到对方在2.8工作节点的签字，我方公司将停止与对方公司的合作，直到完成2.8工作节点的签字。换句话说，我们给对方提供了很大的灵活性以满足他们的需求，同时作为交换，暂时搁置《商业协议》谈判，直至他们在2.8工作节点上完成签字。这是一个富有冒险的行动方案，但对方同意了。在随后的几周里，我们就分期付款计划达成了协议，而且与对方的总工程师一起修订了时间表，同时我方还提供了一些工程专业知识，以帮助他们在12个月的交付日期内保持正常运转。将我方公司的估值与《商业协议》谈判的重要利害关系相比，这些让步真是微不足道。

几周之内，双方似乎达成了一致，而且双方关系也大为改善，都感受到各自的关切得到了重视，也没有再提及第十次测试。在各个方面都取得良好进展的情况下，最后还是出现了一个危机。直到9月27日，我们仍未得到对方在2.8工作节点上的最终签字。现在看来，拖延的原因似乎只是官僚主义作风：对方签字人员没有到位，文书工作也未准备就绪，所以无法完成正常的签字程序。对方承诺会在两周内把文件送过来。可现在怎么办呢？

那天晚上，我们决定亮出最后一招：告诉对方一切。关于触发公司估值贬值的因素，我们向对方总裁和盘托出；希望他能立即给我方在2.8工作节点上签字，否则我们会有许多麻烦。我们为什么要这样做？这不正是我们不想冒险告诉对方的事情吗？但我明白我们之所以很快这样做，这并不是孤注一掷，而是寻求绝处逢生。我们告诉对方总裁，虽然我们可以等待稍晚的正式文件，但一封来自您的邮件非常重要，而且我们明天必须将它向风险投资商展示，该邮件内容需明确表示我方已达到2.8工作节点要求。我们甚至提出，如果他同意，我们可以为他起草电子邮件内容，他只需复制粘贴即可。第二天，对方总裁发来了邮件，我方公司的估值被保住了。

探索对方行为的"所有"潜在原因

当对方能力超群,且行事似乎不择手段时,你面临的选择似乎就特别有限,但如果认为世道便是如此,那我们就大错特错了。由于对潜在的问题做出了不准确的臆断,对我们来说,许多应对的选项也就无从谈起,但当我们摒弃对方是居心不良的、不公平地利用我们的假定时,转机就来了。下面,让我们消除所有的主观臆断(实际上,我们只需消除部分陈见,以便为头脑风暴腾出空间),然后提出一个问题:对于他们的行为,究竟有什么潜在的原因呢?

对于谈判者来讲,有一点至关重要,那就是除了研究对方能力不足或居心叵测之外,还有哪些原因促使他们做出看似带有侵略性、不公平、不道德或者不合理的行为?当然,你可以在彻底地调查了解后得出结论,他们真的是要对付你,但最好还是不要先做出这样的主观臆断。在许多情况下,通常还有其他因素在起作用。比如,在此案例中,无论是为了获得更好的款项支付条件,还是更轻松的时间表,对方拖延2.8工作节点签字的做法都不够磊落,但即使是我们团队中的成员也承认,考虑到对方已做出了巨大投资,而从我们这里得到的回报却少之又少,对方有理由认为推迟200万美元付款是合理的。同样,正如我方一些人所指出的那样,对方总工程师的担心是完全可以理解的:于他而言,这个时间表从一开始就不切实际,如果工作进度落后于原定的时间表,他不相信我们在今年晚些时候会给他一个缓冲时间;他是在合理地利用我们在第十次测试中的技术性问题,来为他争取更多的时间,这无可厚非。重要的不在于这些事对我们而言是多么合情合理，而在于对方自身对这些事的看法；一旦我们意识到对方的行为动机并非出于纯粹的贪婪，我们就将拥有更多的用于解决冲突的选项。

> 不要一开始就主观臆断对方是出于无能或图谋不轨，而要思考导致对方行为的各种潜在原因。

识别障碍：心理上、结构上和战术上的

并不是每一次谈判都应以达成协议才宣告结束。如果你为对方提供的所谓最佳方案，还不如他们自己的备选方案，那么不达成协议就是最好的结果。只有当你们互为合适的合作伙伴，可以为大家创造价值，但有些事阻碍了它的实现，彼此未能达成协议才算是悲剧。在进行任何重要的谈判之前，既要考虑可能激励对方达成协议的各种因素，也要尽可能预测妨碍协议达成的各种因素，两者至关重要，缺一不可。达成协议的障碍究竟是什么呢？

概括地说，谈判者应该考虑三类障碍：

第一，心理障碍。这些障碍存在于人们的头脑中，如猜疑、自我、对另一方没有好感、情绪化、对公平的偏见、过度自信，等等。

第二，结构障碍。这些障碍与当前建立的"游戏规则"有关，如时间压力、谈判桌上互不对付的各方、使用与你的动机不一致的

代理人、媒体关注度过高、信息可用性不足、限制你自由的其他条条框框，等等。

第三，战术障碍。这些障碍源自任何一方的行为和选择，如公开承诺站不住脚的立场，采取挑起报复的激进策略，过于狭隘地关注某个问题而忽视兼顾各方利益，拒绝交换信息，等等。

无论是面对错综复杂的谈判，还是应对艰难棘手的纷争，你永远都不可能预料到其中所有的障碍，也不可能消除即将遭遇的所有障碍，但无论如何，全力以赴会大大增加你成功的概率。你最好尽快明了，自己是否需要找到有效方法，以克服不信任、收集更多信息、让各方参与谈判、闭门谈判，或采取先发制人的强势战术，等等，而不是盲目自信地以为，对各方都有好处的协议总会达成的。在谈判中，你越是仔细研判可能面临的所有挑战，也就越能全面系统地考虑你所掌握的应对这些挑战的各种手段和策略，你为达成协议的努力也就越有可能取得成功。

> 从谈判伊始至结束的整个过程之中，都要审视可能阻碍协议达成的心理、结构和战术上的障碍。

全力以赴

设想一下，你走在大街上，突然冒出一个人袭击你，出于自卫，你觉得必须反击，于是本能地攥紧拳头，向袭击者的头部打去。在盛怒之下，你可能尽力一次又一次地挥拳回击对方，用一种手段来对付一个目标。虽然看似自然，但可能并不是最有效的方法，尤其是当你面对的是一个身手不凡的袭击者时。相反，你需要"全力以赴"。对于久经沙场的拳击手来说，他不会狭隘地只专注于一个目标，或者仅使用一种攻击方法，而是会考虑他们的所有工具，如双手、双脚、膝盖、肘部，以及附近可用作防御的所有物品等，并评估所有可能成为攻击目标的潜在区域。

同样的道理也体现在协议和外交谈判方面。高效的谈判者会"全力以赴"工作，他们会充分研判需要克服的重重障碍，以及他们可资支配的各种手段。在我们的谈判中，为了得到2.8工作节点的签字，我们必须通盘考虑所有的潜在障碍：如总工程师的最后期限；在没有签署《商业协议》的情况下，对方公司总裁认为我方不应该获得更多的资金，以及我们与风险投资商合作条款清单中的贬值条款。我们还得仔细思考一切可用于攻克这些障碍的"杠杆"：如与我们的投资商重新谈判；从我们公司抽调其他人员来帮助评估中方的动因；修改中方的款项支付条款；利用我们的技术资源来解决中方的工程问题；如果对方不尽快签字，我们有能力威胁退出合作。我认为，如果我们只使用威胁退出合作的"硬"战术，或者仅尝试提出满足对方在付款和时间表上要求的"软"战术，那么我们将不会获得成功。我们需要一种有效结合各种不同战术的策略。

> 全力以赴。全面思考种种障碍，通过各种途径解决问题，并调动一切可用的杠杆。

无视最后通牒

冷静评估对方敌意行为的种种原因，并持之以恒地全身心投入工作，做到这一点其实并非易事。尤其是当对方提出他们的攻击行动和要求的同时，还发出威胁和最后通牒，就更加困难了。在各种大大小小的谈判中，我们经常会遭遇到最后通牒，诸如下列声明，"我们永远不会……""无论如何都不可能……""你必须……"或者"那不可能"。在绝大多数情况下，我自己处理最后通牒的方式实际上很简单。不管是什么类型的谈判，也不管是谁下的最后通牒，我一般做出的回应就是听而不闻、置之不理。我不会要求对方进一步阐明他们的意思，也不会要求对方重复刚才所说的话，更不可能对最后通牒本身做出回应或反应。相反，我表现得好像没有人说过一样。我之所以如此做的原因在于：一天之后，一周之后，甚至几个月或几年之后，对方可能会意识到，他们曾经说自己永远不可能做的事情，结果是他们必须做的；或者他们说自己永远不会做的事情，实际上是符合他们最大利益的。当那一天到来时，我最不希望的是，他们还记得自己曾经说过不会做这样的事情，或者他们担心我会记得他们曾说过这样的话！如果我从未对这些最后通牒给予任何重视或关注，这将使他们更容易做出改变，避免一味地坚持之前的所谓的最后通牒。我不想把自己置于某种境地，去强迫对方在二者之间做出选择：要么坚持他们的最后通牒，要么做对他们（和我）最有利的事情。

当然，对方的最后通牒总有一种情况下是千真万确的。无视它会有危险吗？不尽然。事实是，如果它真是最后通牒，他们会在各种场合，以各种方式，一遍又一遍地重复。有时，我会根据对人员和情况的研判，来决定认真对待并接受这个于对方而言，同样也是具有约束力的最后通牒。但同样的情况是，谈判中抛出的许多最后通牒，并非绝对的"红色警戒线"或风险点。有时，人们只是由于愤怒或失望，所以说出来的话就有点儿攻击性；有时，对方觉得被左右的时间太长了，现在只是想维护些支配权；有时，尤其是在跨文化谈判中，仅仅是因为在翻译强调内容上的不当，或是因人们在沟通时在自信程度上的表达差异；有时，对方只是想强调某个问题对他们来说很重要，或试图让你做出更大的让步。在所有以上的种种情况下，无视一方的最后通牒，到头来有助于避免双方都受另一方的言语约束。

> 无视最后通牒。如果情况发生变化，你越是在意对方的言语，对方就越难退缩。

给最后通牒换个说法

在"无视最后通牒"的策略上,还可以适当进行变通,也是相当管用的。有时,在对最后通牒不予以理会之前,我会花点儿时间换个说法,将其表达为非最后通牒。比如,如果有人说"我们不可能做××",我可能会做出如下回应:"鉴于今天的情况,我可以理解,这对你们来说是很难做到的……"由此,我将对方全然僵硬的说法就变得稍许灵活了。如果他们最终决定做××是明智的,那么现在至少给了他们两条出路。也就是在通过承认他们"鉴于今天的情况"(而不是永远)受到限制,"很难"(而不是不可能)采取行动,给我们留下了在稍后日期,或在稍微不同的交易条件下执行××的选项。

> 给最后通牒换个说法。用柔和的语言重新表述最后通牒,你可以让对方更容易在以后做出让步。

世事难料,今天不能谈判的,明天就可能会有转机

情况在不断发生变化,有时会出现新的机遇。今天不可能完成的事情,将来有可能会做到,但机会往往只会垂青那些有准备的人。回顾一下我们与中方公司之间的谈判,即使我们尽最大努力去解决中方公司的关切点,也无法彻底解决我们的问题;在距离事关

公司估值事宜只剩最后3天的时候，我们不得不确切地告诉对方总裁，为什么我们急需他们在2.8工作节点上签字。为什么我们要这么做？是因为我们现在已走投无路了吗？非也。事实上，即使只有3天期限，我们也没有那么绝望，因为我们已经采取了必要的应对措施，以确保在《商业协议》谈判中，不会因为我们对2.8工作节点的签字需求，而受到对方总裁的要挟。从一开始，这就是我们谈判战略的一部分，因为我们已经预料到这种可能性：总有一天，需要向对方总裁和盘托出我方所处的困境，我们要求将《商业协议》谈判推迟，直到完成2.8工作节点签字。结果，一个多月来，《商业协议》谈判没有任何进展，双方最终签署，还得花好几个星期的时间。现在，距我方公司估值事宜最后限期只剩3天了，妄图利用我方弱点而在商业协议上谋利，对方总裁已无计可施。如果此时他推迟签署2.8，唯一的解释便是，他只想伤害我们，而非为了自身物质利益。这几乎是他想对未来合作伙伴所采取的行动。

我们之所以有把握采用剩下的那个完全透明的方案，即将我们的实情向对方和盘托出，是因为对于这个方案所带来的潜在结局，我们已谨慎地预估到了。从8月初的第一次部署会议开始，以及在整个谈判过程之中，我们从未忽视这样一个事实：对方对我们施加影响的原因，不在于我们需要对方在2.8工作节点上签字；对方之所以对我们施加影响，是因为我们需要签字，他们有能力借此在《商业协议》谈判中向我们勒索。如果我们通过推迟《商业协议》谈判，能够夺走对方手中的筹码，一旦最后限期临近，对方就没有办法利用2.8工作节点的签字作为筹码来给我们造成不利了。

在各种各样的谈判中，有一点至关重要，那就是密切关注随着时间的推移谈判局势的发展走向，以及你怎样把控其发展。请谨记：今天不能谈判成功的事情，或许明天就可以敲定了；一个在谈判初期不起眼的策略，或许在未来就可发挥作用甚至带来利好；你第一天的策略或分析，或许第二天就无关紧要了；对方在一周前所不能同意的，或许现在就可以接受了；他们今天对世界的看法，或许明天就不一样了。

对方如何进行谈判，不仅有可能在未来几周、几个月和几年内发生变化，而且还有可能因你所采取的行动而调整。在之前古巴导弹危机的案例中，我们遇到过类似的想法。正如肯尼迪总统提醒罗伯特·肯尼迪的那样，让国会同意我们今天的行动方案是不可能的，但这并不意味着他们的想法在未来几天或几周内不会发生改变。同样，在这次我们与对方公司的协议谈判中，尽管我们觉得在第一天就向对方保持公开透明，其风险太高，但在一个月之后，我们就可以这样做了，因为我们已经改变了他们从我们这里取得让步的能力。在1992年的美国国家冰球联盟的《集体谈判协议》的谈判中，我们看到了同样的见解。虽然当年球员们的成功是以牺牲未来关系为代价，但他们的做法确实凸显了选择谈判时机的重要性。球员们明白，何时谈判与如何谈判同样重要。在赛季之初，球员们并没有发动罢工，而是一直等到对方的替代方案无招架之力时，才出招反击。

谈判伊始，我们仅仅全面了解各方及其观点，是远远不够的。随着时间的推移，这些观点是否会发生改变？如何改变？还会受到

3 同理心 187

什么影响？这些都需要持续跟进与观察。

> 今天无法谈判的事情，或许明天就可以谈判了。
> 全面思考一下，如何为各方构建激励措施和备选方案，
> 以使未来的谈判更加圆满成功。

当然，你试图站在对方的立场去理解对方的观点，有可能只是证实对方在坚持自己观点上一意孤行。有的时候，对方的观点是如此根深蒂固，以至于是不可能改变的，也是不可能被影响的。在下一章，让我们探讨这样的情况，看看还有哪些方法可以用来打破僵局。

15
将计就计

在沙特阿拉伯推广现代技术

　　1965年，刚刚继位不久的沙特阿拉伯国王费萨尔（Faisal）就遇到了一个棘手的问题，作为当务之急，就已经开始全力以赴推行国家金融和社会改革，其中之一便是如何"为所有公民提供无害的娱乐方式"。作为该项改革议事日程的一部分，费萨尔国王希望将电视引入沙特阿拉伯。唯一棘手的问题是，并非王国里的每个人都认为，电视就像被宣称的那样，是一种完全无害的技术产品。许多宗教保守派人士认为，电视是恶魔的杰作，究竟是哪个恶魔，取决于讨论该问题的狂热分子类型，有的意指手持铁叉、头戴犄角的魔鬼，有的意指星条旗的美国。无论如何，来自宗教方面对该技术的强烈反对，纯属意料之中。你如何说服人们相信，电视不是恶魔活动的一种工具呢？幸运的是，对费萨尔国王来说，他并不是第一个遇到类似问题的沙特阿拉伯国王，他的父亲伊本·沙特（Ibn Saud）国王也曾遇到过类似的麻烦。

1925年，伊本·沙特国王作为当时强有力的统治者，不仅巩固了自己在王国的统治地位，还赢得了神职人员的支持。然而，当时他也遇到了一个棘手的问题，想在王国推广现代科技，主要涉及电报和电话通信。但正如你可能猜测到的那样，困难在于在一些颇具影响力的宗教人士眼中，电磁波通信的唯一合理解释就是撒旦（魔鬼）。在这些担忧中，有多少是出于真正的恐惧，而非以此为由阻挠现代化的推广，很难评判。无论是出于以上哪种情况，也无论这些担忧是冥顽不化，还是仅仅为了迎合公众需求，国王都意识到，如果不消除神职人员的忧虑，就难以在推广现代科技上取得进展。那现在应该如何是好呢？

无须借助金钱或权势

伊本·沙特国王意识到，要解决来自宗教的反对意见，唯一途径便是从宗教本身着手，而不是绕过宗教。因此，他邀请部分宗教领袖来到王宫，请其中一位手持麦克风，另一位站在通信设备的接收端。然后，他请第一位对着麦克风诵读一段经文。当诵读者的声音通过通信设备，传到另一端的扬声器时，伊本·沙特提出了赢得辩论的论点：如果这台机器是恶魔的杰作，它又怎么可能传输经书文字呢？

伊本·沙特国王对结果感到特别满意，尤其是在25年之后的1949年，他故技重演，让无线广播电台在沙特阿拉伯得以应用推广。当时人们认为，有恶魔之手在操控收音机调节盘。为了打消人们的这种疑虑，第一个播出的广播内容就是诵读经文。或许是出于巧合，抑或是出于进一步笼络宗教人士的一种策略，电台的首播式就安排在麦加朝觐季举行。

如果费萨尔国王不借鉴他父亲曾经的做法，可想而知，会一败涂地。1965年，在一片担忧和抗议声中，沙特阿拉伯首次开始了电视节目转播，其中也包括诵读经文，从而创造了同一家庭成员中，多次被召唤去打败高科技恶魔的世界纪录。

将计就计

在谈判初期，我极力主张设法控制谈判框架；别无选择时，建议尽可能早地重新架构谈判框架，但有时，两者都收效甚微。有时，占主导性的框架已经形成，一方或多方正透过公认的视角来观察形势；有时，你可能正陷入一场旷日持久的谈判或冲突之中，当事各方对面临的问题及其自身的选择有着根深蒂固的认识。在家族企业谈判中，在种族冲突中，甚至在已经与供应商、客户或合作伙伴建立健康、长期业务关系的良好环境中，都可能会出现这种情况。有时，占主导性的谈判框架并非基于双方互动往来的特定经历，而是反映了文化或其他语境因素的影响。

在此情形下，让对方放弃或改变他们的观点，也许会困难重重或耗费时间，重新架构框架也可能不是应有的选择。正如电视、电台、电报例子所表明的那样，当所有的方法都毫无用处之时，有时你可以"将计就计"，也就是理解并接纳另一方的框架或视角，使其为你所用，以克服对方对你的想法和建议的抗拒。在此案例中，当费萨尔国王明白现代化技术已不是被认为是否有效，而是被认为是善还是恶时，他决定停止抵制这种思维框架，取而代之的是，接纳它并重新设计，且为自己所用。这意味着，要达到国王首选的结果，所采取的改头换面的方式，必须与如何衡量"善"的主流观点保持一致。"将计就计"是武术中经常讨论的一个法则：其思想是，借助对方的发力并尽可能地稍加调整，而不是迎面抵抗或还击即将到来的力量攻击，由此可能会产生巨大的力量。同样，在谈判中，"将计就计"意味着"同意"，而不是"屈服"。要有效地做到这一点，就需要清晰、客观地了解对方对形势的看法，以及他们将用来评估其想法和选项的衡量指标。

> 有时，对于根深蒂固的观点，最好的回应是"将计就计"：理解它，采纳它，并让其为你所用。

弥合互相冲突的观点

有时，并非只有一种主要的观点，而是有两种同样强大的观点在争夺主导权。当各方对所讨论或评估问题的正确方式各有强烈的主张，同时又对这些问题的看法都互不相容时，就会出现这样的情况。对此，弥合分歧是一种可能的解决方案，即找到一种方法，让一方在不失去手中谈判筹码的情况下,采纳另一方的谈判框架,或者提出一个全新的谈判框架,让双方都能放心地采用。

不久前,我与一所私立学校的校长进行交流,他正在着手处理与教师薪酬有关的冲突。一直以来,教师的薪酬主要根据其任期而确定,工作的年限越长,薪酬就越高。现在,学校的一些财大气粗的捐赠者要求改变薪酬的评定方式。他们希望在评定教师的薪酬时,应基于教师的业绩,而非其任期。他们提出了一些建议,将教师的薪酬比如与学生的考试成绩,以及校长听课时给教师的评价等因素挂钩。然而,教师们不愿意采用这种薪酬评定方式,他们认为任期制方式是合理的,因为那些拥有多年教学经验的教师更优秀。与此同时,捐赠者们则坚持"基于绩效"的薪酬理念。校长能够理解每一方的想法,但双方都各执一词、各说各话,都无法超越"基于绩效"和"基于任期"的薪酬理念。对于任何一个提议,没有人打算讨论其实质性细节。接下来该怎么办呢?

我提出了这样一个建议:实际上,在薪酬基础是否适当方面,双方并没有分歧。如果仔细研究,很显然,教师们都同意"基于绩效"的薪酬是恰当的方式。双方唯一的分歧是如何更好地衡量业绩。事实上,教师们一直表示,那些能为学生带来更多价值的老师,理所应当得到更多的薪酬,这听起来像是基于业绩的论点,但老师们只是碰巧相信"年限"是最好的衡量标准,因为年限是公正的、没有偏见的,与校长的主观评价完全不一样。捐赠者们同意任期是最容易衡量的,也同意阅历通常会使教师变得更优秀,但他们对任期与效能的关联度持不同意见。如果校长能让双方达成共识,

"基于绩效"不仅是一个可以接受的逻辑,而且实际上是双方所阐述的唯一逻辑(不一定使用这些词),那么双方在教师薪酬逻辑上的僵局,或许可以被化解,也就可以开始讨论实质内容了。比如,在选择不同的业绩衡量标准时,需要做哪些权衡,这些衡量标准是否可以被接受?[1]是否有一个衡量标准组合,让各方都可以欣然接受?毋庸置疑,各方还需努力确定不同衡量标准的权重。但在看待问题的角度上,大家承认已经达成了共识,必将有助于各方改变当前因受意识形态驱动而对起始原则所持的不妥协态度,进而采取更为灵活的方式。

如果(1)一方在不放弃表达自己关键诉求能力的情况下,同意采纳另一方的谈判框架,或者(2)双方都同意架构一个新的互利共赢的谈判框架,那么针锋相对的意见就可能弥合。

遵循对方的观点可能增加你的筹码

有时候,要说服别人信服你的观点,最好的方法就是用他们的语言与之进行沟通交流。这不仅更有效,而且可以使你的论点变得更有说服力。"即使我们接受你如何解决问题的首选逻辑",你仍能向他人证明你的要求是合情合理的,这就能彰显出超强的说服

---

[1] 权衡,简单意义上说,是在不同业绩指标的信度和效度之间的协调。例如,任期可能是最容易准确衡量的(高信度),但与业绩的相关性很低(低效度)。如果教师评价做得好的话,可能与业绩有更高的相关性(高效度),但很难准确无偏颇地衡量(低信度)。学生的考试成绩可能处于信度与效度之间的中间位置。

力。事实上，当费萨尔国王从"技术"框架转向"宗教"框架时，他的立场可能比他最初追求的更为稳固。同样，如果教师们能够明确表明自己的立场，他们需要的是确定衡量业绩的适当标准，而不是强调任期制的合理性，就可能会对捐赠者和其他利益攸关方产生更大的影响。因为，后者可能被视为仅仅是出于自私自利，或者是基于意识形态的立场。

> 遵循对方的框架或观点，
> 可能会增加你的筹码。

给予对方有条件的控制权

在我们讨论掌控谈判框架的重要性时，就考虑到向对方妥协固然有风险，但有时也可能是一种正确的策略。几年前，当时我们正在与一家公司谈判一项复杂的商业协议，该公司全球家喻户晓，其资产高达数十亿美元。而我所提供咨询的这家公司，虽然几年前才成立，但发展势头迅猛，不容小觑。谈判中，对方明确表示，他们最为重要的要求之一就是通知条款：在未来几年里，我们必须告知对方所收到的所有收购要约，同时必须给他们留有时间，以进行反要约。对方的担心是可以理解的，他们不希望有一天醒来，发现我方公司已被人收购了，而收购方可能不希望我们两家公司继续保持正在不断深化的重要合作关系。

然而在将来，我方以最优价格出售公司的能力，将可能受到这一条款的限制。比如，如果该合作伙伴想要收购我方公司，这是完全有可能的，那么他们就会知道我方是否有其他收购者，以及其他竞标者何时会提高出价。根据该条款的规定，他们还可能阻止其他潜在的收购者首先报价。在我们对他们的提议进行了多次修改之后，出于种种原因，有时甚至是模棱两可的原因，他们依然拒绝了我们的建议。于是我们决定另辟蹊径，采用不同的策略。我方没有提出进一步的提议，而是告诉对方，为了保护对方的投资，允许他们制定自己中意的任何通知条款，但前提是要符合两个原则：第一，保留我方找到出价最高的潜在投标人的能力；第二，保留我方在未来的收购方案中获得最高价位的能力。如果这两个几乎没有什么不合理之处的条件得到满足，我方将接受对方拟定的任何通知条款；如果对方不能满足这两个条件，我方将不得不拒绝对方的提议。

现在，主动权掌握在对方手上，由于我方提出了明确的要求，对方讲话的语气就变得缓和了，还提出了新的建议方案。由于建议不是来自我方，对方也就不再处于防御状态。他们提出的最终方案被双方所接受，协议谈判得以继续进行。当谈判双方都有合理的忧虑，而且谈判进展缓慢时，我有时主张，我们所要遵循的一条基本原则是：给对方控制权，但得阐明你的条件。这个简单的策略包括以下几条锦囊妙计：

- 用同理心看待对方的关切，引导他们专注于寻找解决方案，而不是一意孤行。

- 向对方阐明，于你而言，什么是重要的，什么是不重要的，使对方放宽心态。
- 防止任何一方"自以为是"和固执己见。
- 支持多个具有创造性的提议，以帮助找到解决方案。

> 虽然你的提议被对方拒绝，但对方的关切又似乎是合情合理的，不妨尝试把架构协议的任务交给他们，但要阐明他们必须满足的条件。

迄今为止，在所讨论的大多数谈判中，我们都专注于了解谈判桌另一方的重要性。可是，要实现你的谈判目标，可能会涉及许多参与方和许多场次谈判。比如，在与某国公司的谈判中，我们还得考虑风险投资商的想法；在古巴导弹危机谈判中，执委会既要了解苏联的想法，又要考虑古巴的态度；詹姆斯·麦迪逊必须架构一个流程，使之不仅在费城，而且在随后各州的诸多辩论中，都能产生好的结果。在下一章，我们将探讨了解与谈判相关的各方观点的重要性。高明的谈判者通常会考虑到所有的谈判参与者。

16
规划谈判空间

路易斯安那购地案谈判

有一个鲜为人知的条约:《法兰西共和国与西班牙天主教国王陛下之间关于帕尔马公爵殿下嗣子在意大利的扩张和光复路易斯安那的暂行保密条约》(*Preliminary and Secret Treaty between the French Republic and His Catholic Majesty the King of Spain, Concerning the Aggrandizement of His Royal Highness the Infant Duke of Parma in Italy and the Retrocession of Louisiana*)(又称《圣伊尔德丰索密约》)。[1] 而该条约正是法国和西班牙于1800年签署的,并且很快就在历史上发挥了极其重要的作用。根据条约规定,西班牙将把北美广阔的路易斯安那地区归还给法国,这片领土是法国在法印战争中被击败后,于1763年将其割让给了西班牙。

在西班牙和法国的谈判期间,据称,拿破仑的使臣曾做出了

---

[1] 该条约通常被称为《圣伊尔德丰索第三条约》。

"最郑重的保证",即法国不会将路易斯安那地区出售或割让给其他任何国家,但如果法国想要剥离这块土地,宁愿将其归还给西班牙。当拿破仑转身就决定将这块土地卖给美国时,西班牙人、美国人,甚至许多法国人都感到非常震惊。1803年,美国以每英亩约4美分的价格,从法国手中购买了路易斯安那地区。通过"路易斯安那购地案",美国的国土面积扩大了一倍,收购的土地构成了后来15个州中的一部分乃至全部。

西班牙人对此怒不可遏,声称"法国人将路易斯安那地区出售给美国,违反了当初向西班牙做出的信誓旦旦的承诺,而该承诺应该得到双方的尊重",并要求美国"暂停路易斯安那地区购买条约的批准及其生效"。[1]美国人对此的领悟是,这恰恰是促使加快条约批准生效的理由,要趁着买卖之事还未被西班牙人弄清楚之前,抓紧时间尽快与法国达成协议。美国驻法国公使罗伯特·利文斯顿(Robert Livingston)曾向国务卿詹姆斯·麦迪逊(James Madison)报告说:"我本应该向您提及,通过一个自认为可靠的信息渠道,我有充分的理由相信,西班牙当初割让路易斯安那地区给法国时还包含了一项协议,即不能将它分割给其他任何国家;虽然此协议不会影响到我国的相关权利,但它应该促使你们借此利用该条约加快行动步伐、迅速采取措施。"[2]

---

[1] 卡洛斯·马丁内斯·德·伊鲁乔:《卡洛斯·马丁内斯·德·伊鲁乔致詹姆斯·麦迪逊》,1803年9月27日。国家档案馆:在线查找,《麦迪逊文件》,http://founders.archives.gov/documents/Madison/02-05-02-0470,于2015年6月25日访问。
[2] 罗伯特·利文斯顿:《罗伯特·利文斯顿致詹姆斯·麦迪逊》,1803年7月11日。国家档案馆:在线查找,《麦迪逊文件》,http://founders.archives.gov/documents/Madison/02-05-02-0204,于2015年6月25日访问。

出于多种原因，针对法国是否有权出售路易斯安那地区的问题，历史学家们对此展开了多次辩论，虽然众说纷纭，但麦迪逊认为西班牙的观点是站不住脚的："法国使臣做出的不会转让的承诺，并不构成关于西班牙归还土地给法国的《条约》中的一部分，即便是有，也不会对美国的购买行为产生任何影响，因为美国的购买是善意的，西班牙在此之前并没有告知美国任何诸如此类的条件。"[1]更为重要的是，美国人相信，西班牙不会尝试使用武力阻止此次购买。对美国来说，其面临的更大问题是，法国方面可能会反悔，有情况表明，法国似乎在最后一刻增加了出售条件，迫使交易因变得复杂化而不得不推迟。[2]事实上，拿破仑长期以来一直希望为法国保留这片土地。正如他所解释的那样："因为我与西班牙的第一次外交行动的目的，就是要收复路易斯安那地区，我的行动已经证实了我对这片土地的重视。虽然我怀着极大遗憾宣布放弃它，但试图顽固地继续持有它也是愚蠢的。"[3]那么，拿破仑为什么要与路易斯安那地区分道扬镳呢？

---

1 詹姆斯·麦迪逊：《詹姆斯·麦迪逊回复罗伯特·利文斯顿》，1803年10月6日。国家档案馆：在线查找，《麦迪逊文件》，http://founders.archives.gov/documents/Madison/02-05-02-0504，于2015年6月25日访问。
2 罗伯特·利文斯顿、詹姆斯·门罗：《罗伯特·利文斯顿和詹姆斯·门罗致詹姆斯·麦迪逊》，1803年6月7日。国家档案馆：在线查找，《麦迪逊文件》，http://founders.archives.gov/documents/Madison/02-05-02-0085，于2015年6月25日访问。
3 弗朗索瓦·巴贝-马尔布瓦：《路易斯安那州的历史》凯里和李出版社1830年版，第298—299页，http://www.napoleon.org/en/reading_room/articles/files/louisiana_hicks.asp，于2015年6月25日访问。

无须借助金钱或权势

法国人要把土地卖给美国人,为什么西班牙人却声称为他所有呢?简单地讲,追根溯源,是因为英国人。当时,法国正在与英国交战,如果一切均按计划发展,法国完全可以对付英国人,也可以继续占有路易斯安那。突然放弃路易斯安那而出售给美国,这似乎是不太可能发生的事情。然而,当时在现在的海地岛和多米尼加共和国,同时发生了针对法国的奴隶起义,加之恶劣的天气,使得法国船只被困在欧洲冰冷的水域而无法动弹,面对英国日益增长的威胁,法国逐渐耗尽了所需的物资资源。对法国人来说,更为糟糕的是,如果他们想竭尽全力守住路易斯安那,那么美国就会与英国结盟,以共同对抗法国。这是因为路易斯安那地区包含有新奥尔良,而新奥尔良对美国具有极其重要的战略意义,让其落入拿破仑之手,会让美国人深感焦虑。在给罗伯特·利文斯顿的信中,托马斯·杰斐逊总统写道:

> 西班牙将路易斯安那和佛罗里达割让给法国,对美国的影响是最为严重的……迄今为止,在所有与我们交往的国家之中,法国是与我们发生权利冲突最少的国家,但也是与我们发生利益交汇最多的国家。正因为如此,我们一直把法国视为天经地义的朋友,视为永远都不可能与之发生分歧的朋友。因此,我们把法国的成长视为我们自己的成长,把法国的不幸视为我们自己的不幸。然而,地球上有一个地方,只要成为它的拥有者,就会成为我们的天敌,或者是宿敌。这个地方就是新奥尔良,我国八分之三领土的农产品要进入市场,

新奥尔良是必经的咽喉要道,而且由于它土壤肥沃,未来将生产我国一半以上的农产品,容纳我国一半以上的居民。法国把住那扇门,对我们摆出一副挑战的姿态。西班牙本已和平地占有它多年……但并不意味着法国就可以做到这一点……在此种种情况之下,法国和美国不可能再持续维系彼此之间的深厚友谊,尤其是当双方在此土地问题上针锋相对时。如果法国没有看到这一点,那我们双方一定都是视而不见了;但如果我们不对这个假设做出安排,那一定是太草率了。当法国占有新奥尔良北部的那一天……也就从那一刻起,我们必须与英国舰队和人民结盟……虽然这并不是我们所追求或希望的状态。如果法国采取这一行动,我们将遵循自然法则,被迫进行绝地反击,事出有因,这必将带来深远的影响……和平时期,法国不需要路易斯安那。战争时期,法国也不可能依赖路易斯安那,因为其很容易被阻断。我推断,法国政府会以某种适当的形式考虑这些情况……然而,如果法国认为,于它而言,路易斯安那是不可或缺的,那么它也许会愿意寻求其他安排,从而与我们的利益协调一致。如果要做到这一点,那就是把新奥尔良岛和佛罗里达让给我们。很大程度上来说,这肯定会消除双方之间冲突和不安的根源……无论如何,这将使我们稍微松一口气,无须立即在另一地区采取措施,来消解对方的行动压力……现在,每一双美国民众的眼睛都在关注着路易斯安那这件事,自独立战争以来,也许没有什么比这更让美国人民感到不安的了。[1]

---

1 托马斯·杰斐逊:《托马斯·杰斐逊回复罗伯特·利文斯顿》,1802年4月18日国家档案馆:在线查找,《杰斐逊文件》,http://founders.archives.gov/documents/Jefferson/01-37-02-0220,于2015年6月25日访问。

美国代表团与法国人展开了谈判。拿破仑派出的一个代表团接待了他们，令他们感到惊讶的是，法国代表团提出想出售整个路易斯安那地区。这个提议的背后显然隐藏着更多原因，而非仅仅是为了防止美国与英国结盟，因为要防止这一点，法国只需放弃新奥尔良就可以实现了。影响拿破仑做出如此决策的最大因素源于他的一个担忧，即如果法国在战争中失败，那么整个路易斯安那地区将会被英国占领。拿破仑认为，与其把它交给英国人，还不如交给美国人。如果这样能增强美国的实力，让英国在未来面临更多的挑战，那就两全其美了。正如拿破仑给他的一位大臣所解释的那样："对于不安全的财产，我不会将其握在手中，它或许会导致我们与美国发生冲突，或许也会促使美国疏远我们。相反，我将利用它把美国与我们绑在一起，从而使他们与英国决裂，而给英国树立更多的敌人，英国终有一天会找我们复仇的。我已下定决心，将把路易斯安那地区交给美国。"[1]

与为了谈判而做的准备相比，美国人突然之间所得到的东西远远超出预期。在整个谈判过程中，詹姆斯·门罗（James Monroe）全靠临场发挥，完全没有体现《宪法》权威，在敲定协议之后，他在写给詹姆斯·麦迪逊（James Madison）的信中讲道：

起初，我们认为只能买到路易斯安那的一部分领土，从未奢望能买到全部，但领事的决定是要卖掉全部领土；而且据我们所知，

---

[1] 阿道夫·梯也尔：《领事馆的历史》（第十六卷），1803年3月，http://www.napoleon.org/en/reading_room/articles/files/louisiana_hicks.asp，于2015年6月25日访问。

在这个问题上，他没有做出任何改变。由于来自英国的压力，当时的情况也尤为关键……因此，为了把握当时有利于我们的形势，有些工作是必不可少的，如必须按照法国政府提出的土地出售规模与之面对面谈判，并按照他们提出的条件毫不迟疑地签署条约。我毫不怀疑这笔买卖给美国带来的好处……许多准备投入战争，只为得到一小部分土地的人，现在居然反其道而行之，谴责政府及其谈判代表得到的东西太多。听到这些言论，我不足为奇；这种喧嚣对他们毫无益处，反而会使他们蒙羞。我们已经获得了他们梦寐以求的东西，而且其数量远远超出他们的预期，并且价格低廉，与他们预期想得到的那一小部分土地的价格相比，这个价格还要便宜得多。[1]

历史上最大宗的土地交易，就这样发生在两个国家之间，其中一个国家的合法"出售"权有问题，而另一个国家的合法"购买"权有问题。

三方思考

你在谈判中所取得的结果，将取决于你如何认真琢磨谈判各方，他们各自在谈判中所扮演的角色以及发挥的影响。谈判中，一个常见的错误便是：只考虑双边关系，即只关注与你谈判的另一方

---

[1] 詹姆斯·门罗：《詹姆斯·门罗致詹姆斯·麦迪逊》，1803年5月14日。国家档案馆：在线查找，《杰斐逊文件》，http://founders.archives.gov/documents/Madison/02-04-02-0717，于2015年6月25日访问。

的关系。比如，谈判期间，美国人本可以只评估美法关系的动态。按照这种思维方式，美国可能早就想象到法国人不会提供土地，或者最多只愿意割让新奥尔良；美国可能还会认为，如果有可能收购新奥尔良的话，其价格也会是高昂的，因为拿破仑非常看重这片领土。

正如我们所看到的那样，当谈判各方从三方的角度思考彼此关系时，谈判分析就会发生改变：不仅要评估谈判双方之间的关系，还要评估谈判双方与其他各方之间的关系。一旦我们考虑到英国和法国之间的关系，就不会为法国人的举动而感到震惊了；当我们更深入地考虑到美国和英国相对于法国之间的关系时，那么一切就更加一目了然了。

当然，我们可以再更进一步讨论"四边"或"五边"关系分析的价值意义，但其所蕴含的基本观点仍是不变的：在谈判桌上，如果只考虑各方之间的直接关系，而且只设想这种关系存在的可能性，如此做法是极其愚蠢的。对于谈判者而言，如果能考虑到第三方的作用，并评估其对谈判桌上各方的影响，就能更好地预测对方的行为，并据此制定出最优的应对策略。

> 三方思考：在谈判桌上，对于第三方如何影响或改变参与谈判各方的相关利益、制约因素和备选方案等，需对此进行有效评估。

规划谈判空间

当我为协议或冲突提供咨询建议时，在讨论谈判战略的会议上，我做的第一件事就是要求我的客户规划谈判空间。谈判空间须得涵盖与谈判相关的所有各方。我所说的"相关"各方是指以下两者之一：一是能够影响该协议的任何一方；二是受该协议影响的任何一方。如果存在能够影响协议达成的各方，且要将他们引入谈判流程或者将他们排除在外，我会深思熟虑他们是否可能、在什么时间节点，以及以何种身份参与谈判，方能使我方或其他各方从中受益。同样，如果我方正在谈判的协议会影响其他各方，我也必然会关注他们，因为他们有动因采取行动，可能影响我方谈判战略的实施及其结果。

在"路易斯安那购地案"的例子中，谈判空间不仅包括美国、英国、法国和西班牙，还包括真正为此购买做出决策的人。各个公司和国家不会做出决策，而是人在做出决策。拿破仑并不等同于"法国"。谈判空间还包括美国的立法者，他们可能会促成或阻挠协议的达成，也包括海地的奴隶及其统治者，因为奴隶起义结果的任何变化，都可能影响法国对自己能否在战争中输给英国的担心。在更广阔的谈判视野背景下，你越是能"聚焦"，就越能准确地理解对方的可能举动；当相关事件发生在谈判空间之内的其他领域时，你就越能明智地修改你的谈判策略。与此同时，如果你不能对谈判空间进行规划和分析，就会不堪一击，因为当机会来临时你无法把握，你无法预见所面临的障碍，甚至无法使用你手中的杠杆。

> 规划谈判空间。你的谈判策略，既要考虑到可能影响协议的各方，又要考虑到受协议影响的各方。

ICAP分析：
各方利益、制约因素、备选方案和不同视角

在协议谈判中，当涉及要了解谈判各方时，那我们究竟需要准确了解他们的什么信息呢？于是，我研究制定了一个框架（ICAP），以帮助你围绕四个关键要素来组织思维：各方利益、制约因素、备选方案和不同视角。以下是每一个要素所引发的各种问题：

- 第一，各方利益。什么是各方看重的？什么是各方想要的，以及为什么？什么是各方相对优先考虑的？为什么各方要签署这项协议？为什么是现在签署，而不是上个月或明年？什么是各方所担心的？通过这次谈判，各方想要达到什么目的？随着时间的推移，各方的利益是否会发生改变？如果会，将如何改变？
- 第二，制约因素。在哪些事情上，各方能做或者不能做？在哪些问题上，他们有更多或更少的灵活性？在哪些问题上，他们完全束手无策？是哪些因素，束缚了他们的手脚？随着时间的

推移，他们的制约因素会发生什么变化？是否还有其他各方可以与我们进行谈判，而他们会受到较少的约束？
- 第三，备选方案。如果不能达成协议，他们会怎么样？他们的备选方案是好还是不好？随着时间的推移，他们的备选方案是会得到改善，还是会变得越来越糟？他们的备选方案是如何架构的？
- 第四，不同视角。他们如何看待这项协议？他们看待这项协议的心态是什么？在他们正在进行的一系列协议的谈判之中，这次谈判是居于什么位置的？对他们来讲，这项协议是高优先还是低优先呢？是从战略上还是战术上思考？是立足长期还是短期？这次谈判占据了他们组织注意力的大部分还是一小部分？

在谈判伊始，就进行ICAP分析，并随着协议谈判的进展不断更新分析，这是至关重要的。你越是能清楚了解各方利益，就越能架构完善的协议，使之既能为各方创造价值，又能化解各方僵局。有时，即使是你应得的让步也不可能得到，因为对方在这些领域的确无能为力，所以了解制约因素尤为重要。在这种情况下，如果你清楚什么是可以实现的，什么是不可以实现的，以及哪种协议框架是真正可行的，你就更有可能实现你的目标。你越是能仔细地评估对方的备选方案，你就越能清楚了解你所能带上谈判桌的价值，以及你所能支配的筹码。最后，当你明白了各方处理这项协议的视角，包括心理上的、文化上的或组织上的，你就能更轻松地预测到可能出现的障碍类型；与此同时，你也就更有可能采取应对措施，帮助各方重塑视角，使其更有可能达成卓有成效的协议。

> ICAP分析：谈判空间中的各方利益、制约因素、备选方案和不同视角等，都要进行充分评估。

谈判桌之外的行动

詹姆斯·西贝尼厄斯（James Sebenius）和戴维·拉克斯（David Lax）在他们所著的《三维谈判：在至关重要的交易中扭转局面》一书中，强调了运用"谈判桌之外"战术的重要性。正如他们在书中所做出的准确而全面的阐述那样，很多时候，当你通过与对方直接接触，来对协议施加影响的能力非常有限时，在此情况下，考虑一下谈判空间里的其他人，以及他们可能在你的谈判战略中所扮演的角色及其发挥的作用，就变得至关重要了。就像美国在路易斯安那地区的利益一样，谈判一方最大的筹码来源，可能与传统的权力措施（美国愿意与法国开战）毫不相干，却与谈判空间中其他区域的动态（海地的奴隶起义和欧洲的恶劣天气加剧了法国的担忧）息息相关。

对于19世纪的美国人来说，"路易斯安那购地案"的经验再简单不过：只要等着英国人把你的敌人吓得魂飞魄散，然后就等在那里坐收渔翁之利即可。法国人并不是这类动态情形的唯一受害者。在克里米亚战争（1853—1856年）中，由英国、法国和奥斯曼帝国等国家组成的联盟击败了俄罗斯，沙皇亚历山大二世开始担心，在未来与英国的战争中,他可能会失去对阿拉斯加领土的控制。就像半个世纪前的拿破仑一样,沙皇推断,与其把土地交给英国人而一无所获,不如把它交给美国人,还可以换取一些现金。1867年,当最终进行实质性谈判时,美国人欣然同意购买这片土地。美国国务卿威廉·西沃德不甘落后于前任,以每英亩2美分的价格成功购买了这片广袤的土地。[1]

当涉及要评估谈判桌之外的行动,及其如何影响谈判时,有三个评估方法值得去实施:

第一,静态评估。第三方的存在如何影响谈判各方的利益、制约因素、备选方案和不同视角?

第二,动态评估。第三方的影响如何随时间的推移而变化?也就是说,对方的备选方案是得到了改善,还是变得越来越糟?制约因素是在不断收紧,还是在不断松动?各方利益正在不断发展演变吗?

第三,战略评估。为了给谈判施加影响,我方如何与第三方接触?如果向对方施加压力,第三方会愿意吗?如果需要资助这项协议,第三方会同意吗?如果与第三方达成协议,对我方有利的权力动态会发生改变吗?

有时,我方可以借助第三方的存在,来达到我们的目的(静态);有时,我方若要取得谈判的成功,就得对不断变化的形势

---

[1] 尽管价格看起来很低廉,但许多人认为购买的资产是一片遥远的、无用的土地。批评者给它贴上了"西沃德的蠢事"的标签。直到19世纪后期,才在这片土地上发现了黄金。20世纪60年代,发现了石油。

（动态）做出预测；还有的时候，我方必须积极与第三方接触，为谈判的成功创造有利条件（战略）。

> 充分考虑借助第三方在静态、动态和战略上的可能性，做出分析，谋划策略。

好运只会垂青有准备之人

美国能成功购买路易斯安那地区，是因为美国的谈判代表进行了三方思考，并谋划出了一个精明的战略，还是因为他们只是运气好而已，这还真有点儿琢磨不透。当有些人大加赞赏杰斐逊总统，认为这桩买卖他是对美国做出的最大贡献的时候，有些人大加奉承美国在谈判中能获得如此低的价格，还有人对这一事件的理解并无恭维之意。杰斐逊总统的政治对手亚历山大·汉密尔顿（AlexanderHamilton）就认为，这一结果与其说与精明的讨价还价相关，不如说与更多的好运和恰当的时机相关。

这桩买卖是在杰斐逊先生担任美国总统期间拿下的，毫无疑问，这将为他的政绩添上浓墨重彩的一笔。然而，每一个心怀城府、不善反省的人都会欣然接受，这次收购纯属由于不可预见和意外情况的机缘巧合，而不是因为美国政府方面的任何明智或有力的谈判举措……应该感谢圣多明各（St. Domingo）致命的恶劣气候，还要感谢黑人居民的勇气和顽强的抵抗,更要感谢那些延缓了路易斯安那殖民化进程的种种阻碍,直至好运降临我们,此时英国和法国之间的关系决裂,致使法国对路易斯安那地区的考虑发生新的变化,并一下子摧毁了它之前的野心勃勃的计划。[1]

汉密尔顿说的可能有一定的道理,但这并不意味着当机会来临时,就不会与之失之交臂了。有时,当谈判空间中的远端因素影响成为关注的焦点时,你适时有效地更新了你的策略,这一点值得称赞。有时,谈判者能做的最重要的事情,就是做好后勤保障和心理准备,同时做好政治组织,在万事俱备、时机成熟之际,达成协议。如果没有奠定好协议的基础,也没有提前对机遇做好预判,即使在机会之窗最终开启时,也会稍纵即逝。越早对谈判空间进行全面分析,越早评估所有可能左右谈判的杠杆,并以此架构协议,就越有可能取得谈判的成功,即使最终结局在谈判之初并不那么明显。

> 好运只会垂青有准备的人。为了达成协议或成功外交,在心理上、组织上和政治上要做好充分准备,以免机会稍纵即逝。

---

[1] 亚历山大·汉密尔顿:《购买路易斯安那州》,1803年7月5日。国家档案馆:在线查找,http://founders.archives.gov/documents/Hamilton/01-26-02-0001-0101,于2015年6月25日访问。

提升目标定位，创造选择价值

当谈判空间很大，前路漫漫，达成协议难以预料之时，谈判者往往会觉得"为好运做好准备"，只不过就是"坐等幸运之神降临"的一句好听的说辞而已。为此，他们通常只采用短期的、战术性的方法去达成协议，而不是为实现长远目标去努力创造必要的条件。他们的潜意识想法是，当未来不确定，并且有太多因素无法掌控时，制定战略是毫无用处的。这是一个错误。当达成协议似乎遥不可及，而你今天所能做的一切又都不能保证成功之时，不妨转而思考如何提升目标定位，寻求创造选择价值，如此会大有助益。

为了提升目标定位，我们审视了自身的谈判能力，找到目前存在的不足之处，并采取行动来攻克这些难题。这样，一旦有机会达成协议，我们就将处于更加有利的地位。比如，我们可能需要增加备选方案，组建联盟，提升我方给予的价值，建立信任，等等。

如果问题是我们的战略选择有限，比如，通往成功的路径太少，我们就可能投资于创造选择价值：哪怕今天采取的行动可能会代价高昂，但是在未来会带来更多的选择自由。比如，面对恐怖组织，即使你与它毫无谈判意愿，也正在对它发动一场攻击性的军事行动，你可能仍会与它建立秘密联络渠道。虽然这样做代价高昂、风险很大，但如果你的打算发生了改变，未来就会为你创造谈判的选择。

以休斯敦火箭队（Houston Rockets）成功获得篮球明星詹姆斯·哈登（James Harden）的协议谈判流程为例，让我们更好地了解一下，即使在没有达成协议的情况下，提升目标定位和创造选择价值的重要性。通常，在一项简单的球员交易中，你将采取一项行动。例如，将你的球员交给另一支球队，以换取你所中意的另一支球队的球员。[1]但如果你无法提供对方球队想要的球员，你可能需要采取一系列举措，进而首先提升你的地位。在休斯敦火箭队的案例中，总经理达里尔·莫雷（Daryl Morey）通过制定实施一项历时5年涉及14个不同行动方案的战略，即球员和选秀权的合理组合，集结了必备的有价值的球员，帮助球队成功地从俄克拉何马城雷霆队（Oklahoma City Thunder）手中获得了詹姆斯·哈登。2012年，当协议达成之时，休斯敦队能够为俄克拉何马城队提供两名球员，一名是通过球员交易获得的，另一名是通过选秀权获得的，该选秀权本身也是通过交易而获得的。首轮选秀权归属于达拉斯小牛队（Dallas Mavericks）和多伦多梦龙队（Toronto Raptors），第二轮选秀权归属于夏洛特黄蜂队（Charlotte Hornelts）。当选秀结束时，休斯敦获得了联盟中最优秀的年轻天才球员之一。

甚至连负责协议谈判的达里尔·莫雷都不知道所有的行动最终

---

[1] 关于这类交易如何运作的一点儿相关背景知识：在美国国家篮球协会（NBA）中，因为球队是用钱来做交易，就得受到诸多限制，所以你不能简单地开一张大支票，然后从另一支球队购买到你想要的球员。相反，你需要架构一笔交易。即使是一笔简单基础的交易，也会涉及两支球队，每支球队提供一个对方想要的球员。如果你方没有对方想要的球员，那么第一个选择是：在交易中包括一个未来的球员。X队提供一个在未来想要得到的球员（一个"选秀权"），以换取它现在想要的球员。第二个选择是：在交易中包括别队的球员。X队想要Y队的球员，但自己队里没有什么有价值的球员可以给Y队；因此，X队就找到了有Y队想要的球员的Z队；X队与Z队进行交易以获得该球员，然后用该球员与Y队换取它想要的球员。第三个选择是：将前两个选项结合起来，得到别队的未来球员。例如，X队与Z队进行交易，获得Z队的一个选秀权，并将其纳入与Y队的交易中。当你加入其他规则时，事情就会变得更加复杂，如球队工资上限和奢侈税，这些规定限制了任何球队在任何一年累计支付球员的薪酬，而不会招致巨额罚款。

会在哪里结束。签下哈登可能是一个终点，但在筹备运作的基础之上，可能还会有其他潜在的机会和暗地里的花招冒出来。那么，这样的结果只是运气吗？还是一个精心设计的战略行动计划？都不是。回想起自己所扮演的角色，莫雷认真思考了他是如何提升目标定位，以及如何创造选择价值的，从而增加了成功的可能性。

在每一次交易中，我都希望对我们有利的概率尽可能大一些，无论是在当时的行动中，还是在将来无数可能的结果中。在哈登球员交易中，我们所采取的每一步行动都是以交易哈登这样的超级巨星为目的的。我们齐心协力所实施的每一步行动，不但是为了提高我们可以交易球员的价值，也是为了增加我们可以交易球员的组合。到最后，我们拥有了可以帮助球队获胜的球员，无论是现在还是未来；也拥有了处于不同回报或不同风险范围的选秀权。本来我们还可以在工资上限上为球队节省大量资金空间，但工资上限的节省最终没有成为球员交易的一部分，如果它真要成为其中一部分的话，我们也已经做好了充分准备……一旦你接受了自己并非无所不能的，那么你的工作就是要创造对自己有利的机会，这实际上是开启了成功的大门，就恰如这一次交易。[1]

虽然未来具有许多不确定性，有许多事情也是无法把控的，但这也并不意味着你就不能采取长远的、战略性的眼光来实施行动。

---

1 达里尔·莫雷，与作者本人的私下沟通交流，2015年。

在特别艰巨且旷日持久的谈判中，有时你必须甘心在短期内做出明智的牺牲，甚至采取似乎适得其反的行动措施，除非你一直专注于当下的这着妙棋，并思考如何让它帮你创造和发掘将来成功的机会。

> 当今天没有可能达成协议时，就为未来的机遇做好准备，其举措便是提升目标定位、创造选择价值。

不要急于拥抱制胜战略

正如我们前面所讨论的那样，由于谈判的复杂性和不确定性，有些人片面地认为，制定一个谈判策略没有多大价值。而另一些人则犯了一个恰恰相反的错误，他们急于拥抱一个谈判策略，不管它是否有必要，是否做出过理智的思考；即使在没有客观理由牺牲策略灵活性，保留多个开放性选择是合情合理的情况下，也会发生如此情形。根据我的经验，当多个选择被摆上桌面，比如不同的策略，或在不同协议中做出的选择，并且持续的讨论又难分伯仲时，会有那么一个时刻，人们开始厌倦反复思考，并在心理上产生想要结束谈判的需求。结果，在谈判室里，一个有趣却又具有潜在危险的转变发生了：一旦某个选项的背后有某种动力做支撑，人们就不再理性地讨论每个选项的利弊了；相反，对于当前首选方案的有利因素，会夸大其词，而对于支持率较低的方案的"缺点"则吹毛求疵。这反映了心理学家所说的"确认偏差"。因为人们希望能将全部热情和精力专注于一个方案上,并付诸实施,他们就不再像以前那样,公平或全面地评估所有方案。此外,还有一个组织方面的因素会加剧心理偏差。不同的谈判策略或不同类型的交易,往往需要你动用不同的资源,吸引不同的人加入,并耗费不同的社会和政治资本。因此,一旦你在一条路径上走得太远,就很难切换。从某种程度上讲,当某个行动方案已投入了太多的组织力量和具体的战略投资后,要在心理上、组织上和政治上做出改变是会困难重重的。

在古巴导弹危机期间,肯尼迪总统坚持认为,任何选项都不能因为不必要而随意丢弃。即使大家都心知肚明,审慎策略(隔离、组建联盟和谈判)远比进攻策略(军事打击)更明智,总统仍要求继续完善每一种方案,就如同它是被选定的策略一样。事实上,直到肯尼迪在国家电视台宣布他计划采取的行动方案的最后一刻,他还为自己准备了两份演讲稿,以防最后一刻的信息或分析表明,他们正在采取的策略是错误的。根据几年前才向公众提供的文件,表明改变策略有时是必要的。以下内容是他演讲的开场白:

我的美国同胞们,为了履行我的总统就职誓言,我怀着沉重的心情已经下令,美国空军现在只使用常规武器进行军事行动,以清除古巴领土上集结的大规模核武器。[1]

---

1 约书亚·基廷:《从未发表过的最伟大的世界末日演说》,载《外交政策》2013年8月1日。

直到最后一刻，肯尼迪总统在心理上、组织上和政治上都做好了准备，如果能找到一个更明智的方法，他会改弦易辙。

> 避免在非必要的情况下提前选定一个制胜战略。保持选项的开放性，并在心理上、组织上和政治上做好准备，以改变战略。

在本章中，我们研究了错综复杂的谈判环境，其中有很多是你无法控制的。正如我们所了解的那样，即使面对不确定性，也能有效地制定策略。你可以提升你的目标地位，创造选择价值，并将所有选项保留在谈判桌上，直到你有更清晰的认识，即或你别无选择。我们还看到，如果你能规划谈判空间，进行三方思考，并考虑如何利用谈判桌之外发生的行为，你就更有可能打破僵局，化解冲突。

即便如此，有的时候，最困难的情况并不是最复杂的。有的时候，情况之所以困难，是因为它过于简单：既然已经充分了解谈判空间，就应该明白没有其他人会插手来扭转败局，或为你提供你所需要的筹码；好运只垂青有准备之人，你别无选择，因为时间已经到了，而更为糟糕的是，对方手中还握着所有的牌，但他们并没有心情善待你。你的选择少之又少，没有一个是中意之选，而且情况越来越糟。那么，你有什么杠杆吗？此时，同理心将如何帮助你？让我们来拭目以待吧。

17
合作伙伴，而非对手

夹缝求生

山姆曾经是我的一名学生，如今是一位成功的企业家，不久前，他发现自己真是时运逆转，遭遇无妄之祸，致使身陷困境[1]。这一切开始得都是那么顺利美好。一年前，他接到美国最大一家零售商的电话，询问他是否有兴趣赚取一笔外快，而且说不会有任何风险。该零售商决定为一款特制的服装更换供应商，而新的供应商是一家海外的亚洲公司，由于在此之前从未与之合作过，故而向我的学生山姆寻求支持。山姆与该零售商有着良好的业务往来关系，虽然也不了解这家亚洲公司，但他对该公司所在区域制造业的格局了如指掌。该零售商希望山姆的公司能够充当他们公司与亚洲公司之间的中间商，除了协调产品的购买和销售外，他几乎不需要做其他任何工作，就可以从每笔交易中获得一定比例的提成。如果一切

---

[1] 为了不暴露相关人员和公司的信息，这个案例的一些细节已经被更改，但是故事的本质和相关的启示教训没有任何改变。

进展顺利，山姆的公司每年可以赚取100多万美元，这对他来说是一笔相当可观的收入。

然而，好景不长。这段三方合作关系刚持续了几个月，山姆就收到了一封来自一家美国制造商的信。该制造商在信中声称，亚洲公司在生产制造这款服装时，侵犯了他们公司的专利权；鉴于这三家公司之间的合作关系性质，制造商同时起诉了零售商、亚洲公司和山姆；美国制造商在信中表示对庭外和解持开放态度，但要求获得巨额赔偿金。从法律上来讲，美国零售商的处境非常安全，所以完全没有参与谈判的动力。出于实际原因，亚洲公司是不会轻易通过接受诉讼来支付赔款的。这样一来，该制造商所有的矛头就对准了我的学生山姆，而且将不择手段地对付他，因为这里面所涉及的不仅仅是一个专利侵权问题，而且还隐藏着一个压价的问题，在亚洲公司介入之前，一直以来，该制造商就是给美国零售商这款服装供货的原始供应商，而现在，亚洲公司不仅抢占了他们公司的市场份额，还在价格上打压他们，为此让他们很是不爽。

山姆既不想支付数百万美元的和解金，也不想经历一场法律诉讼。在这场混乱的关系中，他决定向他的盟友们求助，希望他们中的一方或两方愿意共同出资，以帮助解决这个问题。对于山姆被迫卷入此场纠纷，美国零售商感到非常同情和难过，虽然他提出在法律诉讼中愿意为山姆提供担保，但不愿提供任何资金帮助。而亚洲公司则辩称，根本就不存在专利侵权问题，那么也就没有理由提供资金支持，如此说辞对他们来说是件轻而易举的事，因为他们根本就不在美国法律的管辖范围之内。由此，山姆就变得孤立无援，只能自力更生了。他请律师联系美国制造商并向其解释说，尽管他在这件事上实属无辜，但愿意接受几十万美元的和解金，这是一种善意的姿态，旨在帮助大家避免对簿公堂。然而，事与愿违，双方最终还是在法庭上见面了。

双方官司历时7个月，花费了40万美元的法律费用，法庭最终裁决美国制造商胜诉，并要求山姆支付给美国制造商近200万美元的巨额赔偿金。山姆在交易因诉讼而停止之前所赚取的金额，不足诉讼赔偿金的四分之一。目前，他唯一的选择便是，要么支付这笔赔偿金，要么对裁决提请上诉，要么再次寻求庭外和解。显然，支付赔偿金是非常昂贵的；鉴于美国制造商已在诉讼中获胜，因此相较上次而言，庭外和解会难上加难；虽然律师们认为上诉是最可行的，但是如实告知胜诉的概率并不会很大；该何去何从呢？眼前的境况是，你已在法庭上输了一次，对方手握筹码。你还面临数百万美元的损失，盟友却又不愿出手相助；而纠纷的另一方似乎还要血债血偿。这该如何是好呢？

无须借助金钱或权势

山姆讲述着他的经历，说有一天，他正坐在那里苦思冥想，突然脑海里冒出一个想法：我的谈判教授会给出什么样的建议？不久，他便想到了问题的答案：寻求价值最大化的结果。换句话说，我们要在充分考虑各方利益、制约因素和备选方案的基础之上，研究采取什么样的谈判方法或取得什么样的谈判结果，方能给各方创造出最大的总价值？在煞费苦心地思考如何达到这一目标之前，首先要弄清楚什么是最佳的协议。因此，他开始规划谈判空间，并全面深入地思考这个问题。

最初，零售商与这三方的关系如下：

	与零售商的关系	销售的产品	是否为零售商的最佳合作伙伴
美国制造商	好	昂贵	是
亚洲公司	无关	便宜	否
山姆	好	无关	否

在我的学生的帮助下，亚洲公司压制了美国制造商的价格，各方之间的关系就发生了如下变化：

	与零售商的关系	销售的产品	是否为零售商的最佳合作伙伴
美国制造商	好	昂贵	否
亚洲公司	无关	便宜	否
山姆	好	无关	否
亚洲公司 + 山姆	好	便宜	是

一旦亚洲公司的专利侵权行为被披露，在美国制造商起诉了其他有关三方之后，各方之间的关系再次发生了变化。现在，美国制造商与零售商的关系陷入低谷，而亚洲公司的产品也不能再在美国销售了。

	与零售商的关系	销售的产品	是否为零售商的最佳合作伙伴
美国制造商	差	昂贵	否
亚洲公司	差	无关	否
山姆	很好	无关	否
亚洲公司 + 山姆	不明了	无关	否

价值最大化的结果逐渐成为大家关注的焦点。美国制造商有能力从山姆身上榨取钱财，但现在还有一笔更大的资金正在从整个等式中流失：没有人能够向零售商出售任何产品。虽然这宗诉讼案可能会给美国制造商带来几百万美元的收益，但更高的数百万美元的价值正在化为乌有，因为没有哪一方拥有必要的资产组合：与零售商良好的关系加上可供销售的产品。但有一个可能的实体能在谈判桌上将这两种资产进行组合：这将是美国制造商和山姆之间的合作

伙伴关系。这能行得通吗？

于是，山姆打电话给美国制造公司的执行总裁说："我有一个好点子想与您分享。如果在20分钟内无法说服您，我将立即乘飞机打道回府。"而且告知，自己即将坐飞机过来拜访。总裁同意与他会面。在去往会面的路上，山姆还打电话给零售商的联系人，分享了他计划提议的大致内容。他们欣然接受并鼓励他尝试构建这种合作模式。

在执行总裁的办公室里，山姆详细解释和分析了他的想法。零售商绝不会直接从正在起诉它的美国制造商的公司购买产品，但美国制造商的专利产品很不错，而且没有其他供应商可取而代之。山姆与零售商有着良好的合作关系，更别说零售商觉得亏欠于他，因为让他经历了可怕的磨难。由此，山姆可以成为制造商和零售商之间的中间商。为了使问题得以顺利解决，制造商有必要向零售商做出一些让步，但只要这样做，达成协议是完全可能的。为此，双方反复核算了一系列相关利润数据，进行了一番讨价还价，然后达成了以下协议：（1）山姆将预先支付给制造商几十万美元，部分将用于补偿制造商的法律诉讼费用。（2）山姆将成为制造商和零售商之间的独家中间商。在未来几年里，这将为山姆带来价值几百万美元的收益。（3）山姆将成为制造商在海外销售的独家经销商。这对他来说又是一项价值可观的胜利。

合作三方签署了协议，濒临绝境的山姆，再一次峰回路转。

合作伙伴，而非对手

如果有人起诉你，你会如何看待对方？大多数人都会把对方看作是敌人，或者至少是对手。这是能够理解的，但也存在着潜在风险。因为我们通常会基于对谈判桌另一方的看法，而倾向于采取不同的方式进行思考和行动。通常情况下，我们的容忍度会降低，希望也会变得渺茫，与敌人进行建设性合作的意愿也会随之减少。而正是这种倾向可能会让我们和对方付出高昂的代价。

在我练习武术的道场里，在上课时经常会听到学生问这类问题：如果你的对手比你更强大，你该怎么办？如果你的对手像这样抓住了你，你该怎么办？如果你的对手……

然而，这之类的说法总会招致武术老师的谆谆告诫。"他们是伙伴，而不是对手。"在课堂上，无论何时，当学生把他们的陪练人员称呼为"对手"时，老师总会做出纠正。"请记住，与你搏斗的人，也是为了帮助你学习进步的人。如果你把他们当作'对手'来看待，那么你又将如何与他们切磋学习呢？"他常常还会进一步强调说，"即使是在街上袭击你的人，也是你的伙伴；如果你把他当作'对手'，你将如何保持沉着冷静，或不战而屈人之兵呢？"

在各种各样的僵局和激烈冲突中，情况也是如此。正如我的学生山姆的经历所表明的那样，刻板片面地看待他人可能会带来危害，尤其是给他们贴上对手或敌人的标签。如果你简单地根据某人之前的行为举止将其定性归类，当情况发生转变时，你可能会错失良机。在这个案例中，美国制造商起初只是陌生人，然后发展成为对手，最后却演变成盟友。在短短几个月之内，这家亚洲公司从拥有战略资产转变为需要承担法律责任的公司。由此可见，解决山姆问题的最大障碍可能就是：一开始人们无法看见事态的发展变化，后来又不能摆脱对彼此片面的标签化认识。

给人贴标签可能是描述某个人的有效方式，如"他是我的竞争对手"，但这一定具有片面性和局限性。请最好记住，与你打交道的人既不是竞争对手或敌人，也不是盟友或朋友，他们只是与你一样，具有各方利益、限制因素、备选方案和不同视角的人（ICAP）。作为一名谈判者，你的工作就是要全面了解这些要素，并做出相应处理。在我的谈判中，我仍然发现为每个人保留合作伙伴这个身份标签是极其有用的，无论他们表现得像"朋友"还是像"敌人"，因为它提醒我要具有同理心，即使是在最恶劣的关系中，也要对合作的可能性保持开放态度，并摆脱什么是可能的或不可能的主观臆断。

> 不管冲突的类型或程度如何，都要把对方视为你的合作伙伴而非竞争对手。否则，就很难与"对手"产生同理心或达成合作。

寻找创造价值的方法

在商业领域，谈判者们经常谈到"创造价值"。这就提醒我们，应该有路径办法完善对大家都有利的协议，或者在不损害他人利益的情况下，完善对部分人有利的协议。由此可见，交易方应该努力优化协议，从而创造更多的价值。毕竟，你愿意为了如何分配100美元或200美元而争论不休吗？实际上，当达成协议可以获得可观利益，反之则会损失惨重，人们更容易找到解决问题的方案，更不用说这样做会更加有利可图。

在所有的谈判中，也就是说，在人际互动的各个领域，同样的原则均可触类旁通。无论谈判者们是为达成协议条款还是化解矛盾僵局，抑或是解决激烈冲突，彼此针锋相对、讨价还价，他们都应该以创造价值为己任。在相对简单的情形中，创造价值的必要性是一目了然的。比如，在美国国家橄榄球联盟或美国国家冰球联盟的谈判案例中，当罢工或停摆结束之时，你就会创造价值，因为只有通过比赛，才能把来自观众、广告商等方面的钱注入资金分配系统，这样你才可能参与分配。为实现这一目标，就得解决一些棘手的问题，但是现在你应清楚你该朝着什么方向去努力，比如就收入分配比例达成一致意见。

当局面变得错综复杂：多方参与谈判，诸多不同利益诉求，对正确战略的竞争性直觉，或者对谈判目标缺少共识或不够清晰，此时，想要创造价值就绝非易事。比如，山姆甚至不清楚自己应该努力实现的目标是什么。是将和解的成本降至最低，是竭尽全力在法庭上胜诉，是努力唤起制造商的善意，是把所有问题交给律师们去处理，还是想方设法向亚洲公司施压？

在诸如此类的情况之下，要明晰自己所要达到的谈判目标和理应选择的行动方案，行之有效的方法便是自问：什么才是实现价值最大化的解决方案？聚焦这一原则，能立马有助于我的学生山姆将注意力转移到这样的想法上来：让每一方的利益最大化是完全可能的，并非天方夜谭，而一开始就主观臆断这场冲突是零和博弈是很不明智的。从创造价值的角度思考问题，也有助于我们增加一系列直观的选项。举例而言，从直觉上讲，你不会与起诉你的人建立业务关系，除非是在任何情况下，你都能做到平心静气地寻求创造价值；在这点上，在实际进程中，我们看到了把其他所有各方视为伙伴而非对手的价值。当你将他们看作合作伙伴时，你就更有可能找到并实施价值创造的解决问题的方案。

> 首先自问：实现价值最大化的结果是什么？
> 是否有创造价值的方法？

首先，想象一下不可能的事

人们无法专注于发现价值的原因之一，就是认为这种情况似乎是不可能的。他们先入为主、想当然地认为，没有好的解决方案，以至于理所当然地放弃了思考解决问题的合适方案的可能性。然而，此种思维模式是可以被改变的。我有一名高级工商管理专业的学生，是其家族企业的总裁。他的父亲拥有家族企业90%的股份，尽管已正式退休，但仍积极参与公司管理。在经历了数年以来父子之间在大小事务上的冲突，鉴于公司每况愈下的糟糕状况，如何才能让公司破浪前行，儿子决定与父亲谈谈。父亲总是凌驾于儿子的决定之上，并在没有掌握足够信息的情况下参与到具体事务管理之中；父亲的如此做法，使儿子难以走出他的权势阴影，而且在员工和客户眼中，父亲才被视为一位真正的总裁，而儿子仅仅是傀儡。可想而知，谈话极有可能令人不快。事态发展到这一地步，儿子觉得自己必须离开公司，或者请求他的父亲离开，无论怎样，他预料谈话将会引发愤怒和怨恨，并有可能导致双方冲突恶化升级。为此，他一直惶恐不安，不知道该如何与父亲开启这次谈话，也不知道该提出哪些问题，甚至不知道自己更期待什么样的结果。

当我听到他的故事以及他灾难性的预言时，我问的第一个问题是这样的：是否会有这样一种可能，当你俩结束交谈后，相比交谈之前，双方感觉会更开心呢？听完我的问题之后，他陷入了沉默，然后告诉我，他从未考虑过这种可能性。于是，我对他说："设想一下这样一个场景，你俩在交谈之后都感觉很愉快。现在给我描绘一幅画，画中的场景看起来是什么样的？"然后，我们之间的谈话发生了变化。他开始谈到他父亲在辛苦创业几十年之后，当面临退休之时，可能会有什么样的感受。他非常遗憾地谈到，在工作之余，他与父亲相处的时间真是少之又少，因为双方都不想再争吵。他想知道，他的父亲是否也渴望这样的交谈。虽然他仍无法确定正确的解决方案是什么，但他更有信心的是，他将能够以开放的心态去开启与父亲的交流，从而进行具有潜在创造价值的对话。我不知道这个特别的故事的结局如何，但在离开高管项目学习回到工作岗位之前，这名学生告诉我，他正期待着与父亲的见面和交谈。

当面临对方不妥协时，同样的方法也会对你有所帮助。比如，在商业协议谈判中，当对方说这些事情是不可能做到的，或者对方不能接受我们的要求时，我可能会像对待我的学生那样，向对方说："设想一个场景，在这个场景中，你能够说'是'。然后给我画一幅图，图中的场景看起来是什么样的？"这有助于将话题从"不能做什么"转移成"为什么不能做"。有时，尤其是当达成协议似乎不太可能时，即使是说"不"的人也从未仔细思量过，到底需要什么，才能让他们接受目前不可接受的东西。当然，有时这种对话仍会导致走入死胡同，但其他时候，对方所提出的担忧或障碍性困难，我们实际上能够以对方出其不意的方式加以解决。至少，如果想要重新审视未来达成协议的可能性，我们就得清楚知道需要做出什么改变。

> 请大家想象一个场景，在这个场景里，貌似不可能的事情就真的发生了。然后，请他们为你画一幅画，描绘出这个场景的模样。

将对方视为合作伙伴而非竞争对手，关注价值创造的原则，鼓励他人质疑自己对事情发生的可能性的设想，通过这种种方式方法，能大大增加你打破谈判僵局和解决激烈冲突的可能性。当然，尽管你仍然可能需要跨越障碍、优化流程、帮助对方推销协议，等等，但你必须更加清楚自己的努力方向，以及需要采取的措施。

在本部分结束时,我将谈谈许多人认为的最糟糕的谈判局面,比如,谈判各方充斥着长期的不信任、强烈的敌意和持久的不满。我们将思考某些原因,为什么极度分歧的观点会持续存在,有时甚至延续几代人,以及在处理看似棘手的冲突时,我们如何改变看事的视角和处事的方法。

18
比较地图

来自地图制图学与语言学的启示

有人认为，人类历史上最古老的地图可能是人类过去常常绘制的天体图，而不是根据地球特征而绘制的地形图，但我们所使用的早期绘制的地球地形图，已经有几千年的历史了。地图的用途很广，其中最基本的用途便是，当我们行走在不熟悉的地域时，它可以为我们定向导航。因此，地图是知识的中转站，使那些没有专业知识的人，能够从前人的努力中受益。今天，地图的现实表现形式无处不在，在我们的汽车里，在我们的手机上，在我们的头脑中，等等。地图在带给我们便利的同时，也给我们带来了困扰。

我出生在美国，但在5岁时，便举家搬到了印度，并在那里生活了几年，到9岁时又回到了美国。因此，我的早期校园生活是在印度度过的。当我再次在美国开始上学时，却面临一系列问题，这也是任何人在进入或重新进入一个不同国家时都会遇到的问题，有社会上的，有学业上的，还有文化上的。但是，还有一个问题似乎无法进行归类。在相当长的一段时间里，虽然有的事情对我毫无意义可言，但它让我感到困惑不已。简单地说，在美国，为什么就没有人知道印度的地图是什么样子呢？那些在墙上挂的、教科书里出版的、教室里地球仪上印刷的，这个世界看起来好像一直为我所熟知，除了我刚在那里度过近5年时光的国家。

冲突的社会建构

当人们终其一生寻求事情真相时，他们逐渐开始认为，任何与他们意见相左的人都是无才无能、愚昧无知的，或者是不怀好意的。还有一种可能性，也许对方只是被洗脑了，我们亦然。个体和机构组织的身份及其利益都是由社会建构而成的，这不仅有助于解释国与国之间可能存在的冲突深度，还有助于解释各个社会组织之间可能出现的种种敌对分歧，如相互竞争的政党之间、不同的宗教派别之间、人工流产合法化的反对者与倡导者之间、工会和管理层之间，甚至是相互竞争的企业实体之间，等等。在所有这些情形中，每一方都会认为自己的立场观点是正确的、道德的，而怀疑和嘲笑另一方的立场观点。这种差异不但会持续存在，而且还可能会不断扩大，因为各方在对事物进行判断时，使用的都是符合各自利益的合法性标准。

人与人之间的冲突可能是自然的，但民族与民族之间的冲突总有一个深厚的社会建构基础，这个基础决定了双方冲突的领域范围和数代人的持续对抗。至少在短期内，任何一方都不可能忽视这种来自社会基础的潜移默化的影响，更不可能将其置之度外。我们不能直截了当地说，这是可取的，实际上，一些让我们滋生对他人产生恐惧和贬低他人的力量，同样会激发人们创造价值的动力，个中原因或许是出于对自己文化的自豪，或许是源于广泛的社会认同的心理慰藉。在此情况下，可能解决双方冲突的必要条件是：出于同样的原因，彼此承认对方所持的立场观点与自己所坚持的立场观点都是合法的。做到这点并非易事，但若非如此，双方就很难有充足的理由进行合作，反而助长敌对行动的升级。

> 如果双方都不真正努力地去理解对方坚持自己观点和行为合法化的深层次原因，就无法有效化解彼此旷日持久的冲突。

请求被尊重

细想一下，以色列人和巴勒斯坦人通过谈判达成协议遇到的某一障碍。两国之间面临着种种问题，如果双方领导人要制订问题的解决方案，并有效推进和平进程，除了需要创造力和勇气之外，还需要对双方所珍视的不同事物的描述进行调和与包容。比如，同样的某一天，以色列将其作为举国欢庆的独立日（Yom Ha'atzmaut）来庆祝，而巴勒斯坦人则将其作为举国哀悼的灾难日（Naqba）来纪念。双方的描述都是基于各自对历史事件的选择性取舍，以及各自不同的信念信仰，问题内容涉及谁遭受的苦难更多，这片土地真正应该属于谁，哪些权利是上帝赋予的，哪些问题是可以进行谈判的，等等。

在这样的背景下，当以色列总理提出，和平谈判的先决条件是巴勒斯坦必须承认以色列"为一个犹太国家"，此时会发生什么？期望有人在有损他们神圣的信仰或权力方面做出让步，显然是非常困难而且是毫无帮助的，尤其是在谈判开始之前就提出这样的要求。即使在更为普通的谈判中，比如，在商业纠纷或夫妻矛盾中，彼此都认为对方的行为更为恶劣，在没有任何证据保证你也计划做出一些代价高昂的让步，或对方做出足够的让步后会使双方的争端迎刃而解之前，你就要求对方率先做出代价高昂的、不可逆转的让步，如承认自己的错误行为，如此做法通常是徒劳无益的。

如果在不要求任何一方做出代价高昂的让步的情况下，就能成功化解彼此的矛盾冲突，那可是最好的、皆大欢喜的结局，但往往不可能做到这一点。即使在迫不得已之时，也不应仓促要求任何一方做出这种让步。在武装冲突、商业纠纷和家庭矛盾中，也许会有这样的时刻，有望一劳永逸地成功化解彼此的冲突，或者相互伤害的僵局已经持续了太长时间，以前各方认为"不可想象"的事情，此刻开始同意做了，或者曾经被认为不可能磋商的问题，此时也同意做出让步了。但是，如果你在谈判伊始就要求对方做出这样的让步，通常这是一个不明智的想法，不是一个好主意，很可能会破坏协议的达成。

> 了解清楚，于对方而言，什么是神圣而不可侵犯的？从而避免将其作为合作的先决条件。这样，即使是曾经不可谈判的问题，他们也可能会同意进行谈判，但前提是对方找到了一条借此化解冲突或实现重要目标的可靠路径。

我们常常被往事所误导

在世界各地旷日持久的冲突中，具有不同种族与信仰的谈判各方，都提出了他们认为是合法公正的种种不同要求，而且得出结论，对方对合法公正的事情不感兴趣，因为他们所提的要求都遭到了拒绝。但如果我们提出的种种要求，未提及如何满足对方的核心关切时，由此而受到对方的拒绝，我们就不应该质疑对方的勇气或动机。问题在于，我们所认为的最大的不公正，或最高的道德要求，或首先需要解决的问题，在很大程度上取决于我们图书馆里有哪些历史书籍。

在《大仇恨，小空间：在北爱尔兰实现和平》（*Great Hatred, Little Room: Making Peace in Northern Ireland*）一书中，作者乔纳森·鲍威尔（Jonathan Powell）讲述了一个事件，其中，关于北爱尔兰冲突背后的冲突叙述，也以生动活泼的方式浮出了水面。那是1997年12月，激进的爱尔兰共和军政治伙伴、新芬党马丁·麦吉尼斯（Martin McGuinness）访问英国首相的官邸——唐宁街10号。进入内阁会议室后，麦吉尼斯对托尼·布莱尔（Tony Blair）首相说："原来这里就是造成所有破坏的地方。"首相办公室主任鲍威尔认为，麦吉尼斯所讲，应该指的是1991年爱尔兰共和军对首相官邸的袭击，于是便开始向麦吉尼斯详细描述袭击所造成的破坏。鲍威尔的回应让麦吉尼斯感到困惑不已，于是他澄清说，他讲的并不是6年前爱尔兰共和军袭击所造成的破坏，而是指1921年，就在这个内阁会议室里，时任爱尔兰共和党领袖迈克尔·柯林斯（Michael Collins）和当时的英国首相劳合·乔治（Lloyd George）之间进行的谈判所造成的破坏，直接导致了爱尔兰的分裂。

那一天，以及在随后的几年里，新芬党的态度深深根植于70多年之前所发生的事件上，那是新芬党最后一次被邀请到唐宁街10号。在鲍威尔看来，维系双方脆弱的关系，直至取得和平进程的最终成功，最重要的因素之一便是双方的深思熟虑和坚持不懈的努力，以此来弥合"我们的短期看法"与对方"长期历史怨恨感"之间的鸿沟。

我在各种各样的谈判中都目睹了这种差异：劳工领袖的记忆常常比管理层长久；在上一轮谈判中，获利较少的一方会将当前的谈判视为一个算总账的机会，而对方则采取"理性"的前瞻性态度；在之前每一次老板与员工的接触中，老板是如何对待员工的，员工们会记忆犹新，而假若不经提醒，老板甚至不记得在几天前曾与员工见过面。对老板而言，与员工之间的往事记忆，一般从自己第一次做对事情开始，或者从员工第一次做错事情开始，而不是恰恰相反。

> 对不同的人来说，往事记忆始于不同的时间。一般而言，在重大事件一览表上所标记的日期，要么是标志着我们获得胜利的日期，要么就是我们受到伤害的日期。

不要苛求人们忘记过去

无视这种差异，寄希望于每个人既能接受"当前的现实"，又能在其行为举止中具有前瞻性，却没有意识到，在如何看待自己的自我意识和目标方面，过去林林总总给人们所投下的漫长而强大的阴影。因此，要求人们忘记过去并不是一个非常有效的策略。1973年，一位宗教领袖对此有着深刻的认识。当时，他慷慨激昂地向人群呼吁要在北爱尔兰实现和平，称现在是时候抛开过去、忘掉导致爱尔兰分裂的东西啦，要坚持面向未来……结果，却反而导致出现一个持久的暴力抵抗口号。在回应他的呼吁时，有人回击道："让未来见鬼去吧，让我们继续面对过去！"

帮助人们在过去和未来之间架起一座桥梁，不失为一个更加明智的策略。我发现，如果不去争论历史上的是非曲直的重要性，而是鼓励人们运用过去的教训来帮助处理当前的局势，那么与人谈判就会轻松容易得多。如果有人觉得自己受了委屈，"教训"可能是他们不应该信任而是应该报复作恶的人,这样就不会给谈判留下太多的空间。但有时,可以鼓励对方接受不同的教训:要求赔偿、要求道歉、弥补过错、达成谅解,或围绕目标共同努力,以确保未来不再犯错误。这些解决路径中的每一条都需要进行磋商,每一条都要求大家共同正视历史,而不是无视。即使有可能,但也不难看出,我们不希望看到这样一个世界,每个人都可以忘记历史上的冲突和错误行径。在这样的世界里可能会没有复仇,但也没有什么灵感或能力,能预防未来的冲突或实现稳定的和平。

> 要求人们忘记过去是徒劳无益的,但有时,为了更好地吸取过去的教训,可以帮助人们找到更多创造价值的方法。

让我们开始谈判吧

不久前,在一架飞往印度的飞机上,我正在填写一份海关申报单。申报单询问了人们意料之中的大多数问题,其中包括:"你是否携带了以下物品……"清单上的一项内容是违禁物品。我翻开卡片,想了解究竟哪些东西是被禁止的,我发现,除了常见的违禁物品(麻醉药品、假币等)之外,还有一些出乎我预料之外的东西:"没有正确显示印度外部边界的地图和文献"。

因此，这里只不过又竖起了一道屏障，以阻止人们去发现其他人如何以不同的方式看待世界，这还会成为弥合不同观点和获得更深理解的另一道屏障。这样的伎俩绝不会为一个国家所独有，而这正是问题所在。对冲突最自然的反应便是惧怕：惧怕内部的异议或不团结，惧怕被认为是软弱无能的，惧怕成为唯一做出决定礼貌行事或采取更温和立场的人，惧怕被利用盘剥。这种惧怕既是自然的，也是可以理解的。但是，我们是否以及如何与敌人或对手进行接触，惧怕本身不应该成其为决定因素；如果要缓和或化解彼此的冲突，惧怕绝不是前进道路的应有选择。

1961年1月20日，肯尼迪总统在向全国发表就职演说时，将大部分注意力聚焦在与美国昔日对手的对话上，并就如何处理看似不可能的谈判，提出了自己的建议：

因此，让我们重新开始谈判吧。但双方都要记住，文明并不是软弱的表现，而诚意总是需要得到证实的。让我们永远不要因惧怕而进行谈判，也永远不要惧怕谈判。

我们一次又一次地看到，无论是谨慎还是勇气，都不可能独立地为人际互动提供良好的基础，两者缺一不可。谈判双方的接触并不能保证在短期内取得成功，但是如果不接触，几乎总是会延续和加剧冲突。肯尼迪总统对此了如指掌：

所有这一切都不会在前100天之内完成，也不会在前1000天之内完成,也不会在本届政府的任期之内完成,甚至也不会在我们这个星球上的有生之年完成。但还是让我们开始谈判吧。

> 你对人际交往问题的反应,
> 永远不要被惧怕所主宰。

第三部分内容小结：同理心

- 同理心为你拓展了更多的选择。
- 在与那些似乎最不值得你同情的人打交道时，最需要同理心。
- 创建缓冲。在你谋划何时进行报复，或者何时升级冲突时，应考虑可能出现的错误和误解。
- 在保持战略灵活性和维护信誉之间，要进行权衡取舍。
- 对于不明智或不必要的最后通牒和威胁，最好不予理睬，否则会作茧自缚。
- 不要强迫对方在明智决策和保全面子之间做出选择。
- 警惕知识的诅咒。
- 不仅要准备你的论据，还要为你的论据赢得支持者。
- 不要一开始就主观臆断对方是出于无能或图谋不轨，而要思考导致对方行为的各种深层次原因。
- 识别所有的障碍：心理上、结构上和战术上的。
- 全力以赴工作：瞄准所有障碍；运用所有杠杆。
- 无视最后通牒。
- 重新表述最后通牒。
- 今天不可谈判的东西明天就可能进行，创建面向未来的激励措施和备选方案。
- "让步"意味着"继续"，而不是"屈服"。理解、采纳和利用对方的观点。
- 弥合互相冲突的观点。
- 顺从于对方的谈判框架，可能会增加你的谈判筹码。
- 如果有必要，放弃提出解决方案的控制权，但要明确对方必须满足的条件。
- 三方思考。
- 规划谈判空间。
- ICAP分析：所有各方的相关利益、制约因素、备选方案和不同视角是什么？
- 你的分析应该包括借助第三方的静态、动态和战略的可能性。
- 在心理、组织和政治上做好准备，以迎接好运的到来。
- 如果今天不可能达成协议，那就提升目标定位，为未来创造选择价值。
- 不要过早地选择一个制胜的策略。保留选项，增强你改变策略的能力。
- 将对方视为合作伙伴，而不是对手。
- 无论冲突多么激烈，都要专注于创造价值。
- "想象这样做的可能场景，现在给我描绘一幅画。"
- 熟知导致这种情况的深层次原因，因为它是各方坚持自身观点和行为合法化的根源所在。
- 避免要求对方做出神圣的让步，并把它作为双方接触的前提条件。
- 我们常常被往事所误导。

- 不要苛求人们忘记过去,应鼓励他们吸取过去的教训,寻找创造价值的方法。
- 你对人际交往问题的反应,永远不要被惧怕所主宰。

19
前行之路

当我在讲授谈判课时，会经常提醒我的学生，谈判课并不能改变世界，也不会使其变得更加美好。在将来，你不得不与形形色色的人打交道，而这门课并不会改变这些人，使其变得更善良、更明智、更精明，或者更道德。而且相比你上课之前，这些人也并没有任何不同。我们所能做的，就是让你能更好地与这些人打交道。这就是为什么我们所教授的一切是行之有效的，它能增加你谈判成功的概率，不管对方曾经是否上过谈判课。

本书的内容亦是如此。在本书里，我尽力将你可能会遇到的种种情况做了最坏的假设：咄咄逼人的举动、相持不下的僵局、不断升级的冲突、缺乏透明度、公然的图谋不轨、彼此互不信任，以及缺乏能解决问题的足够资金或权势。我们希望，当你在生活中驾驭那些貌似不可能的日常谈判时，书中所强调的原则能为你提供更多的方式方法，以解决争端，打破僵局，并达成更好的协议和彼此的理解。

本书由始至终，我强调了与谈判相关的以下几个方面的重要性：一是关注谈判各方可能存在的非实质性的关切；二是关注谈判流程；三是深刻理解所有各方的不同观点。最后，我以一个故事来结束全书，该故事提醒我们，若要谈判卓有成效，对于上文提及的所有这些问题都需要保持警惕。

宣布北爱尔兰和平

北爱尔兰的民族政治冲突可以追溯至几个世纪之前，但其最近的冲突格局是在20世纪初形成的。自爱尔兰从英国赢得独立之后，由于北部（北爱尔兰）选择与在南部建立的爱尔兰自由邦保持分离，南爱尔兰和北爱尔兰就被分割开来，加之政治和宗教路线的冲突，就导致了南爱尔兰和北爱尔兰的分裂。那些希望能脱离英国而获得自由的人们，被称为民族主义者，除北爱尔兰外，他们主要是天主教徒，占据绝大多数。那些希望继续作为英国的一部分人们，被称为统一主义者，他们主要是新教教徒，在北爱尔兰占据绝大多数。从20世纪20年代到60年代初，北爱尔兰与英国继续保持联系，但拥有自己的议会，这种情况导致与北部的天主教民族主义者不太融洽，因为后者现在是面临体制性歧视的少数民族。

到了20世纪60年代中叶，冲突爆发，当时复兴的爱尔兰共和军（IRA）开始了反对英国政府的武装行动。英国政府成立了保皇派准军事团体，以反击共和军的威胁。1972年，暴力不断升级，冲突导致近500人丧生，是自冲突爆发后最血腥的一年。到了20世纪末，冲突导致近3500人死亡，10多万人受伤，而这个国家的总人口还不到200万。

到20世纪90年代中叶，时断时续的和平进程开始了。随着时间的推移，人们清楚地认识到，虽然爱尔兰共和军不会在谈判桌上占有一席之地，但如果谈判没有新芬党的参与，就不可能达成和平协议，而且几乎所有人都把新芬党视为爱尔兰共和军的政治8支。1998年，英国、爱尔兰共和国和包括新芬党在内的北爱尔兰的八个政党，共同签署了历史性的《耶稣受难节协议》，又称《北爱尔兰和平协议》。该协议同意在北爱尔兰建立一个权力下放的政府，由冲突双方分享权力，并重复设置了一些机构，目的是为爱尔兰共和国、北爱尔兰和英国之间架起一座沟通的桥梁。

在随后的几年里，问题依然存在，冲突也在不断发酵，很大程度上由于爱尔兰共和军解除武装的进程时好时坏，导致北爱尔兰的议会多次被关闭，统一主义者退出谈判，以抗议爱尔兰共和军的顽固态度。英国人取消了北爱尔兰的自治权，只有在共和军解除武装有进展时才会再次恢复。与此同时，双方之间的暴力冲突再次发生，尽管程度明显低于前几年。

2003年11月，对相持不下的僵局所表现出的持续不满，诱发了北爱尔兰政治温和派的失败。随后，由伊恩·佩斯利领导的更加极端的民主统一党（DUP）和由格里·亚当斯领导的新芬党加入了进来。如果温和派未能就裁军和如何在实践中分享权力等问题达成一致，那么对这两个宿敌而言，还会抱有什么希望？1997年，当一名记者告诉伊恩·佩斯利，格里·亚当斯愿意与他坐下来谈判时，佩斯利回答说："我永远不会和格里·亚当斯坐下来谈判……因为他会和任何人坐在一起，甚至会和魔鬼坐在一起。事实上，亚当斯的确与魔鬼坐在了一起。"[1]

然而,尽管屡次遭遇挫折,但在2007年3月,当北爱尔兰议会选举结束之后,有史以来第一次,这两个昔日的敌人的确面对面地坐在了一起,达成了一项权力分享协议。《卫报》对这一事件的描述如下:"曾经互相残忍厮杀的两党领导人,即资深的统一主义煽动家与激进的共和运动领导人,他们之间达成协议的时刻,无论是在伦敦还是在都柏林,都被誉为旷日持久的和平进程10年之战的决定性时刻。"[2]2007年5月,当伊恩·佩斯利(DUP)和马丁·麦吉尼斯(新芬党)分别宣誓就任首席部长和副首席部长时,宣告英国对北爱尔兰的直接统治就此结束了。

虽然这次会议,及其所寻求的和平,已经持续酝酿了好几个世纪,但没有理由让和平缔造者们深信:琐碎争吵、投机取巧或最后要求不会对和平进程造成破坏。在佩斯利和亚当斯的案例之中,值得庆幸的是,当这一时刻出现时,一些工艺的的确确挽救了这一天。乔纳森·鲍威尔在他的《与恐怖分子对话》一书中描述了所发生的事情:"当到达北爱尔兰进程的终点,伊恩·佩斯利最终同意与格里·亚当斯会面之时,我们仍然在一个问题上受到了阻碍:他们双方的座位将如何安排。佩斯利希望与共和党人面对面而坐,这样他们看起来就像是对手而不是朋友,但亚当斯坚持与佩斯利相邻而坐,这样他们看起来就像是平等的人,像同事一样。"[3]

---

[1] 罗伯特·菲什:《天堂、地狱和爱尔兰政治》,载《独立报》1997年2月13日。
[2] 欧文·鲍科特:《北爱尔兰的宿敌宣布和平》,载《卫报》2007年3月26日。
[3] 乔纳森·鲍威尔:《与恐怖分子对话:如何结束武装冲突》,博德利·黑德出版社2014年版,第217页。

显然，越南和平谈判的代表，并不是唯一对座位安排感到困扰而不安的人。你如何说服谈判各方，将这个看似微不足道的要求搁置一边？在最后期限迫近之时，你如何说服其中一方做出体面的让步？事实证明，你不能总是如法炮制，尤其是当有些人在谈判伊始就将一些事情视为原则性问题时，并且还有点儿固执己见。为此，当别无他法之时，你必须发挥创造力，而创造力就是挑战你最基本的假设。鲍威尔解释了僵局是如何被打破的："直到一位聪明的北爱尔兰办事处官员想出了一个主意，就是打造一张新型的菱形桌子，我们才找到了解决这个问题的方法，这样他们就可以坐在桌子的顶端，彼此相邻，同时又彼此相对。"[1]

这就是他们解决这个问题的方法。

创造力与警惕性

我曾经想知道，在我的孩子上小学的时候，为什么还有一门必修的木工课。然而，我现在再也不这么想了。当你进入一个充斥着激烈冲突的杂乱无章的世界之时，你会逐渐开始感激你曾经磨炼过的每一项技能，你曾经拿起的每一种工具，以及你曾经学过的每一节课。正如我们所看到的那样，虽然准备工作是不可或缺的，但当意外情况发生时，再多的准备工作也无法排除对创造力的需求。这毫不奇怪，如果所有问题都有现成的解决方案，那么就不会有问题

---

[1] 乔纳森·鲍威尔：《与恐怖分子对话：如何结束武装冲突》，博德利·黑德出版社，2014年版，第217页。

持续存在了；如果你能驾轻就熟地运用手中所有的筹码资源，那么找到独特的解决方案的能力就会大大地增强，不仅仅是金钱和权势，还有框架力、流程力和同理心。

经验还会使你认识到不断保持警惕的重要性。当你处于错综复杂的交易谈判或旷日持久的冲突领域时，有时最危险的问题，会伪装成微不足道的问题；你永远也不知道某件看似简单的事情，什么时候会威胁到已酝酿长达数月或数年之久的一项协议的达成。这样的问题，往往是你从未预料到的问题，但常常会使你解决问题的能力和创造力得到提升。你必须时刻准备好快速反应、灵敏思考，并在事件实时发生时，应用本书中所探讨的原则去解决问题。但这并不意味着，每一个问题都应该被你视为一个巨大的障碍，但它的确意味着，当我们知道存在尚未解决的潜在冲突时，我们就应该更加关注其爆发的可能性。

没有完美的策略，只有适用的原则

经常有人询问我关于对某一特定战略或战术是否合适的看法。这些问题通常表达如下：在谈判中，××是一个好主意吗？问题在于，即使有，也很少有普遍适用的战略或战术。在不了解情况、不发出告诫、无法推断底线条件的情况下，我几乎无法回答这类问题。最好的战略或战术必然取决于一个人的分析研判能力。在某种情况下合理的策略，在略有不同的情况下可能会是灾难性的。上一次失败的策略，下一次可能会成功，因为各项参数指标已经发生了改变。不仅很难概括总结某一特定战术的智慧，还有大量的战术无法进行追踪评判，并掌握其有效作用。从表面上看，由于每个人在谈判中有无数多的事情可以选择做或不做，因此谈判策略的选择也有无数种可能。

相反，关键是要关注原则。虽然这些原则比较少，但能广泛适用。这些原则包括我们在整本书中仔细考虑的许多想法，如控制谈判框架、关注直观效应、帮助对方保全面子、制定流程策略、谈判流程先于实质内容、规范流程、降低阻碍谈判进程的门槛、留在谈判桌上、换位思考、创建缓冲、全力以赴、规划谈判空间、寻求更多理解、创造价值等。无论在何种情况下，你能做的最终都将会是一个本能的判断，但如果你能将这些基本原则铭记在心，你的判断将更加明智可靠。

以这种方式来看，谈判类似于其他科学和艺术的融合，如舞蹈、音乐和表演。举例来说，在武术中，学生们学习了许多动作技巧，并练习了不计其数的动作组合，以应对似乎无穷无尽的可能状况；但练习的目的不是要记住某人在特定情况下的特定反应，因为不可避免的是，你所研究的情景与你在攻击的瞬间所面临的情景之间，必然会存在着细微的差异。相反，我们的想法是，通过学习理解这门科学，并去实践练习有关动作技巧，以便更好地掌握其中的规律和原则；因为即使你深陷之前从未遇到过的境况，那些与相互距离、身体运动、关节手法、平衡有关的攻守原则，也能指导你如何获胜。

谈判亦是如此，策略会因人因事而异。我可能会建议一位客户退出协议谈判,直到对方态度缓和并降低了要求,而建议另一位客户继续参与磋商并竭力达成和解;我可能会建议一名学生全力以赴地进行谈判,进而从雇主那里获得更好的工作机会,而建议另一名学生直接接受雇主所提供的工作机会;我可能会告诉一位外交官或政策制定者,他应该向对方发出最后通牒,而告诉另一位要尽力避免使用这种策略;在一项协议谈判中,我可能会为了自己喜欢的流程而努力奋斗,而在下一项协议谈判中,我则可能会遵从对方的喜好。

理想情况下,在选择任何重要的行动方案之前,你会仔细考虑所有的适用原则。实际上,如果你能从本书中找出几条原则,而且其与你所遇到的问题密切相关,那就再好不过了。譬如,你过去做得不好的事情,或没有始终如一坚持做的事情;或者对于你所面临的问题,似乎这些想法显然是最适用的。一旦你觉得你正在持续而有效地应用这些原则,那就请将其中更多的原则添加到你的谈判工具包吧。

人际互动

你无须等到开启艰难的谈判之时,才开始将这些想法付诸实践。我们每天都在进行不计其数次的谈判,本书提出的这些原则:换位思考、无视或重新表述最后通牒、理解对方的制约因素、规范谈判流程,在日常谈判或低风险谈判中的相关性,与在看似不可能的谈判中的相关性,几无差别、同样适用。

我发现，在我自己所参与的谈判与咨询中，无论谈判的背景或利害关系如何，谈判都是与人际互动息息相关的。当我始终注意到这样一个事实之时，我就处于最佳状态。当你与人打交道时，你应该把做人的最好一面充分展现出来；如果你能平衡好独断与同理心之间的关系、自信与向他人学习借鉴的谦逊品格之间的关系、影响他人的欲望与真正理解他人的兴趣之间的关系，那么你就将处于人生巅峰状态，剩下的就是一边静待花开，一边处理细节琐事了。

我告诉我的孩子们，每个问题都希望能得到解决。无论情况看起来多么艰难，这一点都是成立的。在谈判中，这一点尤其如此。今天，你不可能解决它；甚至今天，它也是无法解决的；但是，一旦你记住所有的谈判问题从本质上来说都是人际互动问题时，你会很快解决它。因而，人类总是有能力解决这些问题的。在未来，我衷心希望本书所呈现的这些谈判原则，能够帮助你更加卓有成效地解决你所遇到的问题。

祝你在前行的道路上好运，并向你致以最良好的祝愿。

致　谢

1998年，我成为凯洛格商学院（Kellogg School of Management）的一名研究生，基思·穆尼根（Keith Murnighan）担任我的导师，自从我第一次走进他的办公室以来，时光荏苒，一晃快20年过去了。但是多年如一日，基思·穆尼根始终是我的良师与益友。当我请他对本书的第一稿提意见时，就如当年一样，他把书稿从头至尾仔细通读了一遍。当他把书稿返回给我时，在这本不到7万字的书稿中，他对其进行了1500多处细微的编辑。基思是一种自然的力量，他精力充沛、聪明睿智、善良体贴和慷慨大度，我何其幸运能拥有他这样一位朋友。

近15年来，哈佛商学院（Harvard Business School，HBS）是我的学术之家，是一个充满支持和启迪灵智的工作场所。在谈判、组织和市场部门，我的同事们就像我的家人一样。因此，我要感谢马克斯·巴泽曼（Max Bazerman）、约翰·贝希尔斯（John Beshears）、艾莉森·伍德·布鲁克斯（Alison Wood Brooks）、艾米·卡迪（Amy Cuddy）、本·埃德尔曼（Ben Edelman）、克里斯汀·埃克斯利（Christine Exley）、弗朗西斯卡·吉诺（Francesca Gino）、杰瑞·格林（Jerry Green）、布莱恩·霍尔（Brian Hall）、莱斯利·约翰（Leslie John）、迈克·卢卡（Mike Luca）、凯瑟琳·麦金（Kathleen McGinn）、凯文·莫汉（Kevin Mohan）、马特·拉宾（Matt Rabin）、吉姆·塞贝纽斯（Jim Sebenius）、约书亚·施瓦茨坦（Joshua Schwartzstein）、古汉·苏布拉曼尼安（Guhan Subramanian）、安迪·瓦辛楚克（Andy Wasynczuk）和迈克·惠勒（Mike Wheeler）。马克斯·巴泽曼（Max Bazerman）是我的《谈判天才》（Negotiation Genius）一书的合著者，值得我再次感谢，因为是他引导我进行图书撰写，并在学术生涯的各个方面，持续不断地给予我指导。此外，在哈佛商学院，我还要特别感谢尼廷·诺赫里亚院长（Dean Nitin Nohria），他总是一如既往地、热情地支持我在（偶尔会有点儿离经叛道）学术上孜孜以求。

科迪·史密斯（Cody Smith）和伊丽莎白·斯威尼（Elizabeth Sweeny）对我的书稿提出了许多有益的意见。我给科迪的书稿比任何人都多，但他非常友好地告诉我，他从未因此而感到厌倦过，反而乐此不疲。（我表示怀疑。）我还要感谢沃利·博克（Wally Bock）、托马斯·克鲁斯（Thomas Kruse）和戴维·马歇尔（David Marshall），他们给我的第一份完整书稿提供了非常有帮助的反馈意见。

如果没有贝雷特-科勒（Berrett-Koehler）出版社优秀员工团队的辛勤工作，这本书就不会出现在读者的手中。如果您有意出版一本书，请联系他们吧。在此，我要特别感谢史蒂夫·皮尔桑蒂（Steve Piersanti），在本书出版过程中的每一个环节，他都提供了大量的反馈信息与指导。史蒂夫对我和我的工作始终如一、热心的支持，远远超过理所应得的，对此我感激不尽。

非常感谢既是同事又是朋友的乔纳森·鲍威尔。游走奔波于武装冲突的世界之中，他是最优秀称职的向导或伙伴。能向你学习，并与你一起努力在世界最需要的地方有所作为，真是其乐无穷。

我还要感谢我有幸教授过的成千上万的学生、公司高管和企业老板，以及我有幸培训和咨询过的数百家企业。对看似不可能解决的棘手问题，正是你们提出的最具挑战的质疑，激发我酝酿出本书中的观点，也正是你们对我所分享的观点的浓郁热情，激励我将其诉诸笔端。

最为重要的是，我要特别感激我的家人。我的父母钱德尔·马哈拉（Chander Malhotra）和苏德什·马哈拉（Sudesh Malhotra），以及我的兄弟马努·马哈拉（Manu Malhotra），从我最早能记事开始，他们就一直是力量和乐观的源泉。当这本书还只是一本故事集时，我的父母是率先给本书提供反馈意见的人，也是最后对书的最终稿件提供编辑的人。我的妻子希卡（Shikha），不仅为我的所有努力提供反馈、鼓励与支持，而且还一手创建了一个温馨祥和的世界，使我能够心无旁骛地致力于我的工作，并成功完成这个项目。对于你的辛勤工作和牺牲，感激之情，难以言表。最后要感谢的是我的孩子们，贾伊（Jai）、阿里亚（Aria）和阿伊莎（Aisha），他们不断地提醒我：让世界成为一个更美好、更安全、更快乐的地方，这是值得努力的，而且也是完全可能的。

关于作者

迪帕克·马哈拉（Deepak Malhotra），哈佛商学院工商管理学教授，讲授各种不同项目的谈判课程。迪帕克因其卓越的教学而获得了多项殊荣，其中包括哈佛商学院教师奖（HBS Faculty Award）和查尔斯·M.威廉姆斯奖（Charles M. Williams Award）。2014年，迪帕克被"诗人与宽客"（Poets & Quants）网站评选为"40位40岁以下精英"（40 under 40）之一，这是一份40岁以下的世界最杰出的商学院教授名单。

迪帕克与马克斯·巴泽曼合著的第一部著作《谈判天才》，被国际冲突预防和解决研究所授予2008年"杰出图书奖"。他的第二部著作《我动了你的奶酪》，是《华尔街日报》的畅销书，并已售出了20多种语言的翻译权。迪帕克关于谈判和争端解决的学术研究论文，已经公开发表在管理学、心理学、冲突解决和外交政策等领域的顶级学术期刊上。

迪帕克长期在谈判和交易达成领域从事专业活动，给各大公司提供培训、咨询和顾问等工作，其范围覆盖全球。与此同时，他还为政策领域提供咨询工作，其侧重点主要是帮助政府通过谈判结束武装冲突。此外，迪帕克还作为客座教授，在牛津大学布拉瓦尼克政治学院（the Blavatnik School of Government）讲授谈判课程。

欲获取更多信息，请登录网站：www.DeepakMalhotra.com

本图书网站：www.NegotiatingTheImpossible.com